Frank Uwe Pfuhl

Der naturnahe Garten

Frank Uwe Pfuhl

Der naturnahe Garten

Lebensräume für Mensch und Natur schaffen

Bibliographische Informationen der Deutschen Bibliothek:
Die Deutsche Bibliothek verzeichnet diese Publikation in der Deutschen Nationalbibliographie; detaillierte bibliographische Daten sind im Internet über http://dnb.ddb.de abrufbar.

Biengartenweg 1a
D-61194 Niddatal
E-Mail: info@morlant-verlag.de
Internet: www.morlant-verlag.de

Titelgestaltung: Jesse Shindo
Texte & Fotos: Frank Uwe Pfuhl

2. Auflage, Niddatal, 2025

Printed in Germany
ISBN 978-3-947012-15-2

Inhalt

Willkommen im naturnahen Garten

Am Anfang war der Gartenteich. Als Mitte der 1980er Jahre Freunde von mir begannen, ein Loch in den elterlichen Rasen zu buddeln und mit Folie auszulegen, da war es geschehen. Die Aussicht, bald Frösche und Molche im eigenen Garten beobachten zu können, war verlockend. Erstmals entdeckte auch ich den Garten als Lebensraum. Zuvor war er bloß Spielraum gewesen, der englische Rasen der Reihenhaussiedlung ein willkommener Ort für Ballspiele oder zum Zelten. Jetzt eroberte ich das erste Stück Land und setzte es bald unter Wasser. Und tatsächlich: Schon nach kurzer Zeit wimmelte es hier. Erste Grasfrösche kamen zum Ablaichen und in den Sommermonaten krabbelten die Libellenlarven aus dem Wasser, um bald darauf als frisch geschlüpfte Mosaikjungfern ihre Kreise durch den Garten zu drehen.

Zu dieser Zeit wurde ein Gartenteich noch pauschal als „Biotop" bezeichnet. Also hatte der Garten nun sein Biotop. Wurden mir für meinen Tümpel anfänglich nur knapp fünf Quadratmeter zugewiesen, machte ich mich bald Schritt für Schritt daran, den Garten meiner Eltern umzukrempeln. Koniferen mussten weichen, damals noch mit der Fuchsschwanz-Säge aus der Werkzeugkiste meines Vaters umgelegt. Dann ging es an die Neubestockung: Heimische Gehölze kamen – nicht immer zur Freude der Nachbarn auch Arten wie Kreuz- und Schwarzdorn. Dazu noch mein erster selbst gepflanzter Apfelbaum, eine hochstämmige Goldparmäne. Es folgte noch die Begrünung der Hauswände mit Wildem Wein und Efeu. Schon nach wenigen Jahren war mein Elternhaus beinahe vollständig in Grün gehüllt. Auch die ersten Anbauversuche mit Kartoffeln, Tomaten und Zucchini gehören in diese jugendliche Phase meiner Gartenliebe.

„Grau raus – Grün rein" – das war der Wahlspruch einer Kampagne der Naturschutzjugend in der Wetterau. Gestartet in den 1980er Jahren

warben wir für mehr Natur in Dorf und Stadt. In Vorträgen, Workshops und an Infoständen haben wir für den naturnahen Garten geworben. Haben Nistkästen gebaut und aufgehängt, Hecken gepflanzt und Teiche angelegt. Wir hofften darauf, mehr Grünämter von naturnahen Flächen in den Ortschaften überzeugen zu können und eine Trendwende vom artenarmen Einheitsgarten hin zum Naturgarten einläuten zu können. Leider ist in der Rückschau das Thema heute mindestens so aktuell wie damals.

Viele gute Beispiele haben wir dann verstreut über den Landkreis gesehen, als wir 1987 einen Naturgartenwettbewerb ausgeschrieben und die vielen Bewerbergärten bereist haben. Das Bildmaterial aus diesen Gärten war auch die Grundlage meines ersten Vortrags „Der naturnahe Garten" in dieser Zeit.

Heute steht mein Wohnhaus samt Büro mitten in meinem eigenen Garten, ein echter Glücksfall. In jedem Jahr wieder ein sich veränderndes Bild und immer wieder tauchen neue Besucher auf. An langen Arbeitstagen im Büro verlockt mich der Garten zu kurzen Pausen. Aber allzu schnell wird da mal aus der 5-Minuten-Pause eine Große Pause. Auch wenn mein Garten nicht groß genug für ausgedehnte Spaziergänge ist, oft lassen sich schon auf wenigen Quadratmetern, manchmal gar Quadratzentimetern, neue Entdeckungen machen. Eine neue Insektenart, die im Garten angekommen ist. Das Eichhörnchen auf Nussjagd. Liebestolle Amseln, ein knuffiger Zaunkönig, der Gummitwist zwischen Unterholz und Saum zu spielen scheint, die Langhornbiene auf der Zaun-Wicke, die ich beinahe schon als „Unkraut" ausgerissen hätte. Mein Garten ist zugleich für mich auch ein Entdeckergarten, der immer wieder Überraschungen bereithält.

Was ist ‚naturnahes Gärtnern‘

Vielleicht ist es leichter zu beschreiben, was naturnahes Gärtnern nicht ist. Es ist eine Form der Gartengestaltung bei der chemische Mittel wie Kunstdünger und Pestizide grundsätzlich nicht zum Einsatz kommen. Es ist ein Gärtnern in Kreisläufen, bei denen auch natürliche „Abfallstoffe“ nicht in der Biotonne landen, weil sie noch ihren Zweck haben und Lebensraum sein können. Im naturnahen Garten ist nichts zu hören, außer den umgebenden, natürlichen Geräuschen – diese werden nicht durch Laubbläser, laute Rasenmäher oder motorbetriebene Heckenscheren gestört. Viele gängige Routinen, wie das Abräumen der Beete vor dem Winter, finden nicht statt. Kurz: Beim naturnahen Gärtnern darf getrost auch mal nichts getan werden, um stattdessen einfach das Dasein zu genießen. Damit wird der Garten eins: Ein Entdeckergarten.

Der Entdeckergarten

Ein Zitat von Antoine de Saint-Exupéry bringt es auf den Punkt:

> *In der Enge unseres heimatlichen Gartens kann es mehr Verborgenes geben, als hinter der chinesischen Mauer.*

Ganz egal, wie groß der Garten ist: Wenn eine Vielfalt an Strukturen vorhanden ist, dann kann die Entdeckungsreise auch auf wenigen Quadratmetern beginnen. Manchmal reicht es schon, sich einfach auf die Knie zu hocken, eine Weile auszuharren', bis sich die Augen auf den Mikrokosmos scharf gestellt haben und dann an den Pflanzenstängeln, unter den Blättern, unter Natursteinen und Baumrinden, einem Haufen Herbstlaub genau hinzusehen. Plötzlich scheint alles wie das Gewusel in der Fußgängerzone einer Großstadt. Regenwürmer blinzeln aus dem Boden, Springschwänze hüpfen fröhlich entgegen, die Larven des Marien-

Weichkäfer-Pärchen auf der Blüte einer Wilden Möhre

käfers liegen auf der Lauer, eine Wildbiene fliegt auf die nächste Blüte, setzt sich zu einem Weichkäfer. Im Hintergrund in der Hecke leiert die Mönchsgrasmücke ihren Gesang und die Amseln schmeißen geschäftig Laub und Erde mit ihrem suchenden Schnabel durch die Luft…

Es gibt einfach unglaublich viel zu entdecken – gratis, die Natur schickt uns dafür keine Rechnung, wir dürfen auftanken und brauchen keinen Krankenschein dafür.

Die Geschichte vom Unkrautgärtner

1985 wurde eine legendäre Folge der beliebten Kindersendung „Löwenzahn“ erstmals im Programm des ZDF ausgestrahlt. Unter dem Titel „Unkraut“ geht Peter Lustig den elementaren Fragen der Artenvielfalt in unseren Gärten und auf unseren Grünflächen nach. Das ZDF beschreibt die Folge so: „Unkraut wächst überall dort, wo es nicht wachsen soll. Mit dieser Erklärung des Nachbarn gibt sich Peter nicht zufrieden – er will mehr wissen über Disteln, Brennnesseln, Löwenzahn und Co.“ Auch rund 40 Jahre danach hat diese Folge kein bisschen an Aktualität verloren, alles ist noch genau so, wie es liebevoll überspitzt dargestellt wurde. Ein Glück, dass „Unkraut“ immer noch jederzeit in der ZDF-Mediathek angeschaut werden kann.

Ich habe diese Folge erstmals im Erwachsenenalter angesehen, dank meiner Kinder hatte ich auch eine gute Begründung, mir die Folge sogar noch ein zweites Mal anzuschauen. Ja, ich gebe sogar zu, mir eine Jeans-Latzhose und eine Hängematte besorgt zu haben, quasi als Einstieg in meinen eigenen „Unkraut“-Garten. Denn beides spielt eine entscheidende Rolle bei Peter Lustig. Während nämlich sein Nachbar Herr Gründlich – dem Zusammenbruch nahe – jedem Löwenzahnsamen nachjagt und mit der Nagelschere die exakte Höhe seines englischen Rasens nachjustiert, genießt Peter in seiner Hängematte liegend den Duft der Wildblumen und den Gesang der Vögel.

„Ich wollte eigentlich nur so im Grünen sitzen und mir die Blumen anschauen und die Schmetterlinge…“ (Lustig) darauf Herr Gründlich: „Die können Sie vergessen, die gibt es doch schon seit Jahren nicht mehr“ Lustig: „ach, ich habe genug davon…“ Gründlich: „Was? Schmetterlinge? Wo haben Sie die denn her, kann man die kaufen?“ „Nö, die sind einfach da…“ „Seltsam, ich hab keine. Naja, dafür habe ich einen schönen Rasen“

Beinahe hätte sich Peter schon vom Ordnungswahn des Herrn Gründlich anstecken lassen, er wirft den Rasentrimmer an und macht

Wildpflanzen und Tiere im Garten aus der Hängematte beobachten.

sich an den Brennnesseln zu schaffen, da springt der Naturfotograf Herr Dunkel aus dem Gebüsch hervor und weist auf die vielen Schmetterlinge hin, deren Raupen sich von der Brennnessel ernähren: Tagpfauenauge, Admiral, Kleiner Fuchs. Das überzeugt Peter endgültig, er wird zum „Unkrautaktivisten", der im Schutz der Dunkelheit manche triste „Grünfläche" mit Wildsaaten bestreut, gießt und ein Meer an bunten Blumen wachsen lässt. Ein schönes Plädoyer für Brennnesseln, Löwenzahn und wilde Wicken.

Die Ausstattung

Es gibt nicht die eine Form des Naturgartens. Vielmehr gibt es auch hier viele Wahrheiten. Neben dem Streben nach Rückzugsräumen für die Natur stehen immer auch die menschlichen Bedürfnisse und Ansprüche an einen Garten. Wir dürfen selbst unsere ökologischen Nischen suchen, mal einen Sichtschutz aus lebenden Weiden errichten, eine kleine begehbare Hecke anlegen, eine Bank an unseren Lieblingsplatz stellen und nach Bedarf Wege anlegen, um die verschiedenen Abteilungen des Gartens zu besuchen.

Der Naturgarten sollte etwas für alle Sinne bereithalten. Ein paar leckere Früchte und würzige Kräuter für den Geschmackssinn. Vielfältige Blüten und Duftpflanzen, die Aromatherapien bieten oder wie der blühende Holunder über den Riechsinn berauschen. Unterschiedliche Oberflächen aus Moos, Holz, Natursteinen, die den Tastsinn kitzeln. Amseln, Mönchsgrasmücken, Zaunkönige, Frösche und Heuschrecken bilden die Klangkulisse und lassen aufhören. An den unterschiedlichen Strukturen, hellen und dunklen Nischen, den kleinen Verstecken, verschiedenen Grüntönen und bunten Blütentupfern können sich die Augen satt sehen.

Wenn das alles erfüllt ist, empfinden nicht nur wir Menschen den Naturgarten als Erholungsort und sinnliche Bereicherung. Dann ist auch viel von dem erfüllt, was auf der ökologischen Anspruchsliste vieler Tiere und Pflanzen steht.

Es gibt ein paar Pflanzenarten, die sollten ganz aus dem Naturgarten verbannt werden, dazu zählen Thuja- und Kirschlorbeerhecken ebenso wie der jahrelang angepriesene Schmetterlingsflieder. Insgesamt ist aber gegen die eine oder andere „Sünde" bei der Bepflanzung auch im Naturgarten nichts einzuwenden. Solange sie keine dominante Rolle einnehmen, sind auch mal eine Forsythie, ein Pfeifenstrauch oder ein Beet mit Ringelblumen kein Problem. Bei Neupflanzungen sollte aber möglichst immer auf gebietsheimische Pflanzen zurückgegriffen werden. Einheimische Sträucher und Stauden sowie Wildblumen- oder Regio-Saatgut für die Wiese. Erst damit kommt wirklich ein vielfältiges Leben in den Garten, Arten wandern ein, die das ökologische Gleichgewicht stabilisieren und ganz nebenbei die Anbauerfolge im Gemüsebeet – so vorhanden – verbessern.

Ein Naturgarten ist ein dynamischer Raum, in dem ein Kommen und Gehen stattfindet, das wir nicht planen können. „Dein Garten ist wie eine Pralinenmischung – du weißt nie, was du bekommst..." ließe sich da frei nach Forrest Gumps Mutter zitieren.

Aus einer tristen Stein- oder Betonwüste kann mit etwas Grün schnell ein Ort mit hoher Aufenthaltsqualität gemacht werden. Mit der lenken-

Ein gemähter Grasweg führt durch die Blumenwiese zur Bank.

den Hand der Gärtnerin oder des Gärtners können viele Nischen unterschiedlich bepflanzt werden. Dort wo wegen betonierter oder asphaltierter Flächen der Anschluss an den Boden fehlt, lässt sich mit Kübeln experimentieren. An den Wänden werden Kletter- und Rankpflanzen hochgejagt, in freie Beete kommen heimische Sträucher und Stauden. Schnell werden auch die größten Bausünden unsichtbar. Neue Nischen entstehen und auch die Tiere lassen nicht lange auf sich warten.

Wer bist du?

Da krabbelt was, aber was ist das? Eine Wanze, ein Käfer? Der naturnahe Garten kann zu einem Ort lebenslangen Lernens werden. Gehirnjogging quasi inbegriffen. Je strukturreicher der Garten wird, umso mehr Arten werden sich heimlich oder ganz ohne Scheu einstellen. Bei den Gängen durch das Grün gibt es immer neue Pflanzen und Tiere zu entdecken. Schnell ein Belegfoto machen, ist manchmal die richtige Strategie, denn wer trägt schon immer sein Bestimmungsbuch mit sich durch den Garten. Dann geht das Rätseln los: Was kann das sein? Was habe ich da gesehen? Wer hat diese Spuren hinterlassen oder wer hat den Ton von sich gegeben? Mal mit einer App auf dem Smartphone, der richtigen Seite im Bestimmungsbuch oder auch mit einer E-Mail-Nachricht an den Naturschutzbund kann das Namens-Quiz gelöst werden.

Die Jagd nach den Arten wird dann allmählich zur Sucht. Die Liste im Kopf oder im Gartentagebuch wird länger und das Bestimmen fällt immer leichter.

Der Aussterbestrudel dreht sich immer schneller. Die Wissenschaft schätzt, dass weltweit täglich rund 130 Tier- und Pflanzenarten für immer verschwinden. Zeitgleich verlieren wir aber immer mehr Menschen mit einem Grundstock an Artenkenntnissen. Neben dem Artensterben also auch ein Aussterben der Artenkenner. So bleibt an vielen Orten der rasante Rückgang der Bestände oft unbemerkt. Für Laien scheint die Normallandschaft doch grün. Das Fehlen der unterschiedlichen Farbtöne ebenso wie der einst hier vorkommenden Arten wird kaum bemerkt.

Wer krabbelt denn da? Wanze oder Käfer?

Jede Menge Insekten zu entdecken:
Schaumzikaden und Hummelschweber...

Ameisensackkäfer und Weichkäfer

Der naturnahe Garten hat also Potenzial, uns zu Artenkennern zu trainieren. Unsere Sensibilität wächst und beim Spaziergang durch den Forst oder durch die Ackerflur merken wir, dass wir nichts merken. Der Garten wird zum Referenzraum.

Abschied vom „Dreieinigkeitsgarten“

Rasen, Rosen und Koniferen sind in den meisten Gärten das Grundinventar, weshalb sie auch den Spitznamen „Dreieinigkeitsgärten“ tragen. Wer ein Haus mit Garten im Bestand kauft, wird in der Regel auf diesen Grundzustand treffen. So lange der Rasen auf Champions-League-Niveau gehalten wird, hat er ungefähr die ökologische Wertigkeit wie eine grün angestrichene Betonfläche. Einziger Vorteil zur Betonfläche: Hier kann Wasser versickern. Mit den Koniferen kann die Mehrzahl heimischer Insekten und Vögel gar nichts anfangen und auch die Wahl der Rosen trifft oft auf gefüllte Zuchtsorten, deren Staubblätter in fruchtlose zusätzliche Schmuckblätter umgezüchtet wurden. Also kein Gramm Pollen im Angebot für Bienen, Schmetterlinge und Käfer. Entsprechend artenarm sind diese Gärten dann auch. Leider ist das immer noch Standard sowohl im Bestand als auch bei der Neuanlage. Die Sonderangebote zum Beginn der Gartensaison in den Bau- und Gartenmärkten ebenso wie in den Discountermärkten manifestieren die Dominanz nicht einheimischer oder nicht standortgerechter Pflanzen weiter. Pflanzfertig für die Hecke werden da in Plastiktöpfchen Thuja, Kirschlorbeer, Rhododendren und mehr angeboten.

Eine Steigerung der Artenarmut ist aber noch möglich: In seinem Buch „Gärten des Grauens“ werden von dem Biologen Ulf Soltau mit viel Liebe zur Ironie „unökologische Schotterwüsten und sterile Krüppelkoniferen" als der Gipfel der Artenvernichtung rund ums Haus ausgemacht. Man könnte sagen „schlimmer geht immer“. Das muss aber nicht sein. Schon mit wenigen Schritten kann sich langsam und allmählich aus dem Dreieinigkeitsgarten ebenso wie aus dem Schottergarten eine neue Oase entwickeln. Oft sind es Kleinigkeiten, wie der Verzicht

„Geordnete Wildnis“ im Naturgarten

auf die Düngung und das Ausbringen von Pestiziden. Manchmal hilft es auch, nichts zu tun. Der natürlichen Sukzession einfach bei der Arbeit zuschauen. Gelegentlich ein paar Initialpflanzungen vogel- und insektenfreundlicher Gehölze oder Staudenpflanzen.

Mut zur Wildnis

Garten und Wildnis, sind das nicht zwei Extrema an den entgegengesetzten Enden einer Skala? Jein, denn Garten bedeutet natürlich immer, dass der Mensch hier eingreift, lenkt und pflegt. Die Frage ist nur, wie diese Eingriffe erfolgen und ob nicht vielleicht Teile des Gartens auch mal „Wildnis auf Zeit“ sein dürfen.

Winter im Garten: Die Stauden dürfen stehen bleiben, in den Regentonnen entstehen interessante Eis-Bäumchen.

Die Wilde Karde bleibt als Winterquartier für Insekten und Nahrungspflanze für Vögel stehen. Eiskristalle an einem zurückgelassenen Spinnennetz.

Suchen sich ihren Standort aus: Baldrian und Wiesen-Schlüsselblume

Ein erster Schritt in diese „geordnete Wildnis“ ist es, die Wintersteher nicht zu vergessen. Also die Beete nicht abräumen, bis zum nächsten Frühjahr damit warten, auch abgeschnittenes Material noch im Garten belassen und beispielsweise auf oder vor die Totholzhecke legen. Auch ein Aufstellen der noch stabilen Stängel wie ein ‚Ikebana-Gesteck‘ in einem Hohlblockstein oder einem mit Sand gefüllten, großen Tonblumentopf als Ständer kann dekorativ und hilfreich für darin ausdauernde Marienkäfer, Wildbienen oder Schmetterlingseier und –puppen sein.

An verschiedenen Standorten im Garten werden immer wieder Pflanzen auftauchen, die wir dort eigentlich gar nicht eingepflanzt oder ausgesät haben. Trotzdem lohnt es sich, einfach mal abzuwarten und zu beobachten, was passiert. Da wächst eine Zaun-Wicke mit ihren Ranken hoch. Eine Pflanze, die alles überwuchert? Muss die weg, damit sie nicht andere unterdrückt, im harten Konkurrenzkampf verdrängt? Muss sie nicht. Denn schon kurz nachdem sie ihre Blüten geöffnet hat, kommt die Langhornbiene vorbei. Die ist nämlich spezialisiert auf Vertreter der Schmetterlingsblütler. Also hat ab sofort auch die Zaun-Wicke ihren festen Platz im Naturgarten. Der Ruf der Wildnis hat gesiegt.

Lassen wir doch dem Standort, was der Standort hergibt: Viele Pflanzen sind wählerisch bei der Auswahl ihres Lieblingsplatzes. Einige mögen

Die eine nicht ohne die andere: Langhornbiene und Zaun-Wicke

halbschattige Plätze, möglichst nicht zu trocken und mit guter Nährstoffversorgung. Hier tummeln sich die frühe Wiesen-Schlüsselblume und wenig später der Baldrian. Es gibt aber auch andere Bereiche, ebenfalls im Halbschatten, entlang der Beerensträucher und am Rande der Gemüsebeete. Dort behauptet sich einer der erklärten Hauptgegner vieler Gärtnerinnen und Gärtner: Der Giersch. Womit es Zeit wird, erklärte Feindbilder neu zu bewerten.

Feindbilder über Bord werfen

Frieden mit der Natur und mit sich selbst schaffen. Das sollte ein Selbstverständnis des naturnahen Gärtnerns sein. Eine Willkommenskultur ist eine moralische Leitplanke nicht nur in menschlichen Gesellschaften, sondern auch in den natürlichen Prozessen im Garten. Neugierig staunen über jede neue Pflanzenart, die selbst ihren Platz im Garten gefunden hat oder Insekten, Vögel und Amphibien, die bei zunehmender Strukturvielfalt hier sesshaft werden wollen. Voller Spannung können wir uns auf die Lauer legen und abwarten, was passiert, ehrfurchtsvoll aus der Hängematte zusehen, anstatt in hektischen Bewegungen alles zu vertreiben, was nicht aktiv von den Gartenbesitzern selbst eingebracht wurde.

Ob Neuankömmling oder Dauermieter: Es wird Zeit, endlich die Feindbilder über Bord zu werden, die Schönheit, Besonderheit und manchmal auch das besonders Nützliche in dem zu entdecken, was sich da breit macht. Beispielhaft an dieser Stelle mal ein leidenschaftliches Plädoyer für die ‚Staatsfeinde' Nummer eins (sowie zwei und drei) auf der ‚Abschussliste'.

Der Löwenzahn

Es scheint ein Kampf gegen Windmühlen zu sein, immer wieder breiten sie sich im Rasen aus, besiedeln die Beete und legen ihre Blattrosetten über das „schöne" Gras. Kampfname: ‚Löwenzahn' oder ‚Pusteblume', in Oberhessen gerne auch mal ‚Milchbüsch' genannt. Mit dem Spachtel werden sie massenhaft ausgestochen, in einzelnen Fällen mit Herbiziden vertrieben, aber warum eigentlich? Was macht den Löwenzahn zu einem der am meisten gehassten Gartenbesucher? Vielleicht, weil er einfach immer da ist, sich scheinbar überall ausbreitet, ganz anarchisch dort wächst wo geplant war, dass eben nichts wächst und blüht. Er macht was er will und das macht nervös.

Dabei strahlt der Löwenzahn eine unglaubliche Lebenskraft aus, von der wir auch als Mensch profitieren können. Beim reinen Betrachten, ebenso wie bei der Verwendung in Küche und Heilkunde. Die Blätter des Löwenzahns können als wahre Vitaminbombe im Salat verwendet werden. Aus den Wurzeln wurde früher Kaffee gebraut und die Blüten können zu einem leckeren Honig verarbeitet werden. Warum also die Mühe machen, den Löwenzahn auszustechen, um an gleicher Stelle mühsam Kulturpflanzen anzubauen?

Der Löwenzahn hat noch weit mehr zu bieten. Er blüht schon sehr früh im Jahr, beschenkt uns mit belebenden, gelben Farbaspekten und die Welt der Insekten mit einem reichlich gedeckten Tisch aus Pollen und Nektar. Insbesondere die Hummeln wissen das sehr zu schätzen. Nur die jungen Hummelköniginnen des Vorjahres haben überwintert und

Weckt Erinnerungen an glückliche Kindertage: Ein Meer aus Pusteblumen.

fliegen jetzt durch den Garten, auf der Suche nach einem geeigneten Hohlraum für ihre Staatengründung. Nach dem langen Winter wird erst einmal ganz viel Energie benötigt und die hat der Löwenzahn in großer Fülle zu bieten. Aber auch viele andere Insekten profitieren: Honigbienen, frühe Wildbienenarten und einige Käfer. Kaum sind die Blüten verblüht, spannen sich die weißen Bälle der sogenannten Pusteblumen auf. Ein Meer aus kleinen Fallschirmen mit einem Samenkorn unten dran. Faszinierend, auf welch raffinierte Weise diese Art für ihre eigene Verbreitung und den Nachwuchs sorgt. Der Wind allein sorgt für die Eroberung neuer Flächen.

Die Samen stehen bei Stieglitzen und Hänflingen hoch im Kurs. Immer wieder fliegen sie in die nun etwas höher stehende Wiese ein, von weitem sind nur die hin und her pendelnden Stängel zu sehen. Durch das Fernglas dann aber schnell die rot-weiß-schwarz gefärbten Köpfe der Stieglitze ausgemacht, die schon den ganzen Schnabel voll haben mit den kleinen Schirmchen.

Von den Blättern des Löwenzahns können sich die Raupen einer Reihe an Nachtfalterarten ernähren, darunter die auffällig gefärbte Spanische Flagge oder der Schwarze Bär.

Dort wo er wächst ist er ein Zeiger für einen sehr nährstoffreichen Boden. Das begrenzt schon einmal einen großen Kräuterreichtum an diesem Standort. Ist der Boden magerer oder wurde er mit der Zeit ausgemagert, dann wird der Löwenzahn automatisch seltener.

Wer Probleme mit den ‚Befindlichkeiten' der Nachbarschaft hat, kann die Menge der Blüten entlang der Grenze auch von Hand etwas reduzieren. Zum einen fressen Haustiere wie Meerschweinchen und Kaninchen für ihr Leben gerne die Blüten und Blätter, zum anderen lassen sich daraus schöne Gartendekos machen. Wie wäre es mit einem kleinen Eltern-Kind-LandArt-Workshop im eigenen Garten? In den Schattenbereichen des Gartens, unter großen Bäumen oder lichten Sträuchern werden Tonschalen mit Wasser aufgestellt und darin dann die abgeknipsten Löwenzahnblüten arrangiert. Ein wahres Leuchtfeuer blitzt da dann aus dem Dunkel.

Löwenzahn hat viel zu bieten: Nektar, Pollen und Samen für den Hänfling.

Der Giersch

Da gibt es noch einen, der ganz oben auf den gärtnerischen Steckbriefen steht. Wanted: Der Giersch, auch Geißfuß genannt. Die Blattform verrät, wie er zu seinem Zweitnamen gekommen ist.

Der Giersch liebt halbschattige Standorte und so breitet er sich unter den Beerensträuchern, den Himbeeren und entlang der Beete aus. Gerne ist er dort mit Arten wie der Knoblauchsrauke und der Brennnessel vergesellschaftet. Wie der Löwenzahn auch ist der Giersch ein Zeiger für einen nährstoffreichen Boden. Gerne darf es für ihn humos und ein wenig feucht sein, dann bildet er zusammenhängende und große Bestände.

Sisyphos hatte es leicht im Vergleich zu Gärtnerinnen und Gärtnern, die immer wieder versuchen, den Giersch zu bekämpfen. Eine aussichtslos erscheinende Aufgabe, denn die Pflanze hat einen sehr wuchskräftigen Wurzelstock, aus dem immer wieder neue Blätter hervorbrechen. Selbst Aushacken ist aussichtslos – nie werden alle Pflanzenteile erwischt und schon kleine abgerissene Wurzelstückchen haben das Potenzial, zu neuem Leben zu erwachen.

Aber warum muss diese Pflanze eigentlich weg? – Darüber lohnt es nachzudenken. In der Natur geht alles über Beziehungen und der Giersch hat eine Beziehung, nämlich zum Standort. Er wächst da, wo er am besten wachsen kann. Der Standort verlangt nach Giersch. Direkt benachbarte, vollsonnige oder trockenere Bereiche bleiben frei. Kein Giersch. Spätestens jetzt ist der Blick in ein Wildpflanzenbuch angesagt und siehe da: Der Giersch ist ein richtiger Knaller in Sachen gesunder Ernährung und Heilwirkung. Er wirkt entsäuernd und entzündungshemmend, ihm wurde eine Wirkung als Mittel gegen Rheumatismus zugeschrieben. Daher auch seine alten deutschen Beinamen „Gichtkraut“ oder „Zipperleinskraut“.

Wenn nicht heilkundlich dann ist er auf alle Fälle eine Bereicherung der Küche. Die Früchte lassen sich als Gewürz nutzen, die jungen Blätter und Stiele wie Spinat zubereiten und ältere Blätter bieten einen Ersatz für Petersilie. Dem Salat geben die Blätter den richtigen Wumms als

Einfach schön: Löwenzahn als Deko und die Blütenstände des Gierschs.

Geschenk der Natur: Beste Pflanzerde vom Maulwurf.

Quelle für Mineralsalze und viele Vitamine. Allein beim Vitamin C lässt der Giersch den Kopfsalat um Längen hinter sich. Er hat 15-mal mehr davon.

Der Kampf gegen den Giersch ist nicht zu gewinnen. Warum also sich die Mühe machen und ihn immer wieder beseitigen, um an derselben Stelle Salat anzubauen? Zeit umzudenken.

Der Giersch hat eine wunderschöne Doldenblüte und die übt ihre besonderen Reize auf viele Insekten, wie Weichkäfer und Wildbienen aus. Wenn man ihn mal blühen lässt und nicht ständig versucht wegzuhacken, dann kann er von Mai bis September die Säume im Garten in weiße Blühstreifen verwandeln. Wo es wirklich zu viel wird, muss er einfach schneller verzehrt werden oder dient abgeschnitten als Mulchschicht unter den Beerensträuchern.

Der Maulwurf

In Kinderbüchern wird der Maulwurf hoch gehandelt, ist Publikumsliebling und aus Bilderbuch- und Zeichentrickklassikern kaum wegzudenken. Die Sympathie reicht dann aber oft nur so weit, bis der kleine Wühler im eigenen Garten angekommen ist. Dann ist guter Rat teuer und unter Gartenfreunden werden dann alle möglichen legalen wie illegalen Rezepte ausgetauscht, um den Maulwurf aus dem eigenen Garten zu verbannen. An der Verbreitung dieser Rezepte beteiligen sich sogar seriöse Gartenformate in den öffentlich-rechtlichen Rundfunkanstalten. Dabei sollte hier doch bekannt sein, dass es sich beim Maulwurf um eine geschützte Art handelt. Das Bundesnaturschutzgesetz regelt seinen Schutz und verbietet, ihn zu fangen, zu verletzen oder zu töten. Wer dies dennoch tut, hat – je nach Bundesland – mit einem Bußgeld in Höhe von 5.000 bis 65.000 Euro zu rechnen. Teurer Spaß also, an einem völlig aus der Zeit gefallenen Feindbild festzuhalten. Den Maulwurf einmal näher zu betrachten, lohnt in jedem Fall. Wer ihn näher kennt, wird schnell Freundschaft mit ihm schließen.

Schon 2020 hatte ihn die Deutsche Wildtierstiftung zum „Tier des Jahres“ erhoben, um die besonderen ökologischen Funktionen dieser Art in den Fokus zu setzen. Mit seinem walzenförmigen Körper, dem kurzen, dichten Pelz sowie den schaufelförmigen Händen ist der Maulwurf ideal an ein Leben unter Tage angepasst. In lockerem Boden kann ein Tier in einer Nacht Stollen in einer Länge von bis zu 30 m graben, dabei können in der Zeit größter Aktivitäten bis zu vier Hügel in nur eineinhalb Stunden neu aufgeworfen werden. Wen die Hügel stören, kann die frische und feinkrümelige Erde abtragen und entweder in den Kompost mischen oder direkt als Erde für Ansaaten oder Blumenkübel verwenden. Da die ausgeworfene Erde aus tieferen Bodenzonen stammt, sind in der Regel auch kaum oder keine störenden Samen enthalten.

Der Maulwurf gehört im Reich der Säugetiere zu der kleinen Ordnung der Insektenfresser, zu der in Deutschland noch der Igel und die Spitzmäuse gezählt werden. Entsprechend sieht auch sein Speiseplan aus: Insekten und ihre Larven, Regenwürmer und Schnecken. Das Vor-

In guter Gesellschaft: Das Schöllkraut hat sich beim Giersch angesiedelt.

kommen des Maulwurfs ist daher ein gutes Indiz für ein intaktes Bodenleben und damit für die Stabilität im kleinen Ökosystem Garten.

Weitere Vorteile, die der Maulwurf mit in den Garten bringt, sind die gute Durchlüftung des Bodens durch seine Gänge, die gleichzeitig auch noch dazu beitragen, dass Niederschläge besser im Boden versickern können. Während Wühlmäuse große Schäden an den Gartenpflanzen anrichten können, da sie deren Wurzelwerk benagen, rührt der Maulwurf grundsätzlich keine Pflanzen an. Da ist es ein weiterer Pluspunkt für den Maulwurf, dass bei seiner Anwesenheit Wühlmäuse das Weite suchen.

Weitere Dauergäste mit Bleiberecht

Das Schöllkraut

Das Schöllkraut taucht im Naturgarten an verschiedenen Stellen auf, mal an Wegrändern, mal geduckt in Gebüschen und mal auf der Trockenmauer. Die schmucken gelben Blüten werden gerne von Bienenverwand-

Wehrhafter Alleskönner für Artenvielfalt und Küche: Die Brennnessel.

ten und Fliegen besucht und bestäubt. Die Samen bringen eine Belohnung für Ameisen in Form eines Ölkörpers mit. Diese verteilen auch ganz fleißig die Samen im Garten, bringen sie an alle möglichen und unmöglichen Stellen, manchmal sogar in luftige Höhe auf den geschnittenen Kopf der Weide, wo der Samen in kleinen Höhlen keimt.

In der Volksmedizin wird der gelbe Milchsaft der Pflanze als Warzenmittel angepriesen, die Wirkung ist aber umstritten. Dennoch ist die Pflanze eine Bereicherung für den Naturgarten.

Die Brennnessel

Die Brennnessel ist ein Muss im Naturgarten. Bei ausreichend Fläche gerne auch an Standorten mit unterschiedlichen Eigenschaften. Mal etwas schattiger im Saum der Hecke und mal in voller Besonnung. Je nach Standort werden sich unterschiedliche Liebhaber dieser wehrhaften Pflanze einfinden. Für zahlreiche Schmetterlingsarten ist die Brennnessel die Raupenfutterpflanze, darunter das Landkärtchen, der Kleine Fuchs und das Tagpfauenauge. Fehlt die Brennnessel, fehlen auch diese Tagfalter.

Auch für den Mensch hat die Pflanze viel zu bieten, als Salat, Gemüse, Gewürz und als Faserpflanze. Sie ist eine der Pflanzen mit dem höchsten Eisengehalt, bringt viele weitere lebensnotwendige Mineralsalze mit, ist reich an Vitaminen. Die Brennnessel enthält 25-mal mehr Vitamin C als Kopfsalat. Warum also die Brennnessel (oder andere Wildpflanzen) beseitigen, um an gleicher Stelle Salat anzubauen?

Der Stinkende Storchschnabel

Wer ihn ausreißt, darf sich nicht über den unangenehmen Geruch der Hände beschweren, denn dieser Storchschnabel macht seinem Namen alle Ehre, dafür sorgt ein ätherisches Öl. Ein Blick auf den lateinischen Namen verrät die Verwandtschaftsverhältnisse: Geranium robertianum. Also verwandt mit dem sterilen Gewächs, das zu Tausenden alljährlich in Balkonkästen gepflanzt wird. Die Beet- und Balkonpflanze ‚Geranie' (eigentlich Pelargonie) stammt aus Südafrika, meist werden Hybriden verschiedener Wildarten gezüchtet. In jedem Fall aber gehen daran Insekten leer aus, da sie kaum Nektar und Pollen produzieren.

Anders sieht es bei den heimischen Arten, wie dem Stinkenden Storchschnabel aus. Wo er stehen bleiben darf und Platz hat, breitet er sich aus, bildet eine Art Bodendecker mit langer Blütezeit. Zum Herbst hin verfärben sich seine Blätter rötlich, was den Flächen einen zusätzlichen, ästhetischen Reiz verleiht.

Mitbestimmungsrechte der Bewohner

Ein altes Kanzlerwort lautet „mehr Demokratie wagen" – ja, warum nicht auch im Garten auf Mehrheitsentscheidungen setzen, die Bewohner zu Wort kommen lassen und ein Stück weit an Entscheidungen teilzuhaben. Nicht nur im gesellschaftspolitischen Kontext sollten wir aktiv für die Demokratie und ihre Errungenschaften einstehen, auch im Garten können wir das – wenn auch ein wenig metaphorisch – alltäglich einüben.

Das dynamische System Garten ist dauernd in Bewegung, ständig im Umbau begriffen. Durch stilles Beobachten werden wir bald schon ver-

Im Naturgarten dürfen Tiere und Pflanzen mitbestimmen, auch die Disteln.

stehen, was die Bewohner eigentlich wollen. Wir müssen nicht mehr allen unseren Willen aufdrücken. Schließlich wissen Schlüsselblume, Baldrian und Wilde Karde selbst am besten, an welchem Standort sie sich wohl fühlen. Warum lassen wir nicht die Pflanzen selbst entscheiden?

Also mal ganz ruhig in die Hängematte legen, Kissen unter den Kopf, um besser zuschauen zu können und lernen, wie die Pflanzen ihr Recht auf Freizügigkeit ausleben. Manche bedienen sich bei der Ausbreitung ihrer Samen des Windes, andere nutzen dazu wahre Schleudermechanismen oder im Extremfall sogar „Explosionsfrüchte". Dabei wird ein Druck aufgebaut, entweder beim Austrocknen des Gewebes oder durch Erhöhung des Zellsaftdrucks. Typische Samenschleuderer sind die Gemeine Akelei oder die Platterbsen. Andere Pflanzen setzen auf Partnerschaften, unterhalten diplomatische Beziehungen in die höchsten Kreise der Tierwelt, beispielsweise mit einer der vielen Ameisenarten.

Die Ameise als Sämaschine

Besonders spannend wird es, wenn tierische Helfer zum Einsatz kommen: Während in der freien Landschaft die Verbreitung von Samen im Fell der Weidetiere eine entscheidende Rolle spielt, kommen im Garten deutlich kleinere Tiere zum Einsatz: Ameisen unterstützen aktiv bei der Verbreitung von Pflanzensamen. Wissenschaftlich heißt diese Wechselbeziehung „Myrmekochorie", also Ameisenausbreitung. Von über 3000 Pflanzenarten ist bekannt, dass sie auf diesen Mechanismus zurückgreifen. Wieder ein Beweis dafür, dass wir wirklich für jede Art auf dem Planeten kämpfen müssen.

Über Jahrhunderttausende der Evolution haben sich Ameisen und Pflanzen aufeinander eingestellt, sind eine dauerhafte Beziehung eingegangen und heute untrennbar aufeinander angewiesen. Viele Wildpflanzen im Garten werden auf diesem Weg verteilt und bekommen einen neuen Standort, darunter Veilchen, Stiefmütterchen, Lerchensporn, Schneeglöckchen, Schöllkraut, Leberblümchen und viele mehr. Manche Ameisenarten schleppen die Samen sogar bis zu 70 Meter weit. Motiviert werden die Ameisen durch ein nährstoffreiches Anhängsel an den

Die Amsel betätigt sich im Garten als Baumpflanzer.

Samen. Das Anhängsel wird abgefressen und der Samen bleibt quasi als Abfall übrig. Meist sogar an Standorten, die von den Ameisen häufiger als Abfallhalde genutzt werden und somit eine gute Nährstoffversorgung für den kleinen Keimling versprechen.

Die Baumpflanzer

Was die Ameisen können, das können auch viele Vögel und Säugetiere. Typische Beispiele sind der Eichelhäher für die Verbreitung der Eiche, aber auch von Hasel und Walnuss. Auch das Eichhörnchen hilft hier kräftig mit, in dem es sich im Herbst überall im Garten Vorräte anlegt – meist mehr, als es dann im Winter verzehren kann. Die Folgen zeigen sich im nächsten Sommer, wenn an verschiedenen Stellen die Triebe der Haselnuss aus dem Boden schießen.

Bei der Vogel-Kirsche verrät bereits der Name eines der Transportunternehmen. Die süßen Früchte werden aber nicht bloß von Vögeln, wie

der Amsel oder dem Kernbeißer verschleppt, sondern auch von Eichhörnchen und Mäusen. Für die meisten Arten ist der Kern unverdaulich und landet so irgendwann auf dem Boden, keimt und so wächst früher oder später auch im Naturgarten eine Vogel-Kirsche, die niemals von einer Gärtnerin oder einem Gärtner hier eingepflanzt wurde.

Je nach Baumbestand, findet auch ein besonderes Gehölz über den Vogeldarm in den Naturgarten: Die vielen aus den Asterix-Heften bekannte Mistel, der volksheilkundlich besondere Kräfte zugesprochen werden. Bei den Kelten jedenfalls hatte diese parasitisch lebende Pflanze eine ganz besondere Stellung als Heilpflanze und in der Mythologie. In der modernen Medizin spielt sie keine große Rolle. Die ihr zugeschriebenen Heilkräfte ließen sich bislang mit naturwissenschaftlichen Methoden nicht bestätigen. Dafür ist die Lebensweise besonders interessant, denn die Mistel lockt Misteldrosseln und andere Vogelarten mit ihren Beeren. Diese haben ein schleimig-klebriges Fruchtfleisch und wurden daher früher auch als Leim benutzt. Jedenfalls bleiben die verdauten Früchte leicht an den Ästen und Zweigen von Wirtsbäumen hängen, keimen dort und schieben ihre Wurzeln unter die Rinde der so befallenen Bäume. In jüngster Zeit werden besonders Obstbäume stark von Misteln befallen. Um die oft alten hochstämmigen Bäume zu erhalten, sollten die Misteln hier durch regelmäßiges Ausschneiden reduziert werden.

Den Hohlen Lerchensporn bringen die Ameisen in den Naturgarten ein.
Die Mistel wird durch Vögel verbreitet.

Artenreichtum – der Lohn fürs Lebenlassen

Warnhinweis: Naturgarten kann süchtig machen. Wer erst einmal begonnen hat, den Garten Stück für Stück naturnah umzugestalten, wird in den zunehmenden Nischen und Mini-Lebensräumen immer neue Arten entdecken. Die Listen werden immer länger und der Ehrgeiz, den Bestand zu halten und neue Entdeckungen zu ermöglichen, wächst. Letztlich ist der zunehmende Artenreichtum die harte Währung, mit der das Naturgärtnern bezahlt wird.

Im Garten kann sich der Mensch als Teil der Natur erleben, oder – nach Albert Schweitzer: „Ich bin Leben, das leben will, inmitten von Leben, das leben will". Also lassen wir auch das andere Leben: Ameisen, Käfer, Schmetterlinge, Bienen, Vögel, Fledermäuse, Igel und viele mehr. Diesen bieten wir ein möglichst gutes Leben in unserem Garten, davon profitiert die Natur und davon profitieren wir.

Manchmal bedanken sich einige Tiere durch besondere Showeinlagen dafür, etwa wenn das Eichhörnchen den Kobel auf dem Dachbalken einrichtet und beinahe schon handzahm durch die Garten flitzt, um Nüsse zu vergraben. Oder das Rotkehlchen, auf kurzer Distanz die Gartenarbeiten der menschlichen Bewohner mustert. Dazu die vielen bunten Käfer und Schmetterlinge, die sich dekorativ auf die bunten Blüten setzen.

Das große Artensterben – unsere Verantwortung

Wir leben in einem Zeitalter, in dem der Mensch einen weit größeren Einfluss auf die Veränderung des Planeten hat, als alle Naturereignisse, wie Erdbeben, Vulkanausbrüche oder Fluten. Seit 2020 wiegen die vom Menschen hergestellten Dinge erstmals mehr als die gesamte Biomasse

Eichhörnchen lassen sich gerne mit einer Futterstation bestechen, dem Rotkehlchen reicht schon eine sehr kurze Fluchtdistanz.

der Erde. Die Wissenschaft hat daher ein neues geologisches Zeitalter nach der Art des Homo sapiens benannt, das „Anthropozän".

Verbunden mit dieser massiven Form des „untertan machens" ist das sechste und größte Massenaussterben in der Geschichte des Lebens auf der Erde. Tiere, Pflanzen, Pilze verabschieden sich für immer und werden nie mehr auf diesem Planeten zu beobachten sein. Dabei garantiert das im Laufe der Evolution so dicht gewebte Netz des Lebens mit vielen Arten auch das Überleben des Menschen. Wir sind davon abhängig, um satt zu werden, um Rohstoffe für unsere Gebrauchsgegenstände zu erzeugen und, um Wirkstoffe für Krankheiten – auch die, die wir noch gar nicht kennen – zu gewinnen. Wenn wir nicht ganz schnell handeln und die Aussterbewelle stoppen, dann gefährden wir die Existenz auch unserer eigenen Art.

Dabei sind wir als einzelner Mensch weniger ohnmächtig als wir denken. Einen kleinen Handlungsraum haben wir auf dem Balkon, auf der kleinen öffentlichen Grünfläche und in unseren Gärten. Ein naturnaher Garten ist ein eigener kleiner Beitrag zum Erhalt der Biodiversität.

Wir haben es in der Hand, unsere Gärten zu Trittsteinen, vielleicht sogar kleinen Archen zu entwickeln, die durchaus auch von seltenen Tieren, Pflanzen oder Pilzen besiedelt werden könnten. In der Summe haben wir da sogar ein Riesenpotenzial, denn alle Gartenflächen zusammen sind größer als alle Naturschutzgebiete in Deutschland. Das mag nicht für alle Arten hilfreich sein – gerade Arten wie Wildkatze, Feldhamster oder Uhu brauchen unzerschnittene, große Landschaften. Aber das große Sterben findet vor allem im Kleinen statt. Bei Arten die wenig Beachtung finden und für die keine eigenen Artenhilfsprogramme aufgelegt werden.

Der Garten kann für einige Zugvögel, für viele Nahrungsgäste aus der Vogelwelt oder dem Reich der Fledermäuse ein Trittstein sein. Auch manche Insektenarten, wie der Distelfalter oder das Taubenschwänzchen können hier eine Pause einlegen und nachtanken. Vorausgesetzt, das Nahrungsangebot stimmt. Das haben wir als Gärtnerinnen und Gärtner in der Hand.

Garten-Gäste auf Zeit: Die Türkentaube nutzt einen alten Obstbaum als Brutplatz, der Grünspecht ist Nahrungsgast.

NABU-Tipps für mehr Natur im Garten

Der NABU formuliert die Bedingungen zur Förderung der Artenvielfalt im Garten so: Wichtigste Maßnahmen vorab sind die naturgerechte Bewirtschaftung, eine geringe Bodenversiegelung und der Verzicht auf Gifte, was bereits alleine vor allem bei Kleintieren und Wildkräutern zu einem enormen Artenreichtum führt. Völlig unbewirtschaftete Naturecken und spezielle Lebensraumangebote wie Holz-, Reisig-, Laub- und Steinhaufen, Trockenmauern, Schmetterlingswiesen, offene Lehmstellen und wassergebundene Wege bieten weiteren Spezialisten Nahrung und Unterschlupf. Komplett wird das Ensemble mit Nistkästen und Nisthilfen für Vögel, Fledermäuse, Hummeln und Ohrwürmer.

- Bevorzugen Sie heimische und standortgerechte Bäume, Sträucher und Stauden für die Gartengestaltung, die der hiesigen Tierwelt Nahrung und Unterschlupf bieten.
- Pflanzen Sie Gehölze, die Vögeln und Insekten Nahrung bieten, sowie Stauden mit einem hohen Wert für die Insektenwelt.
- Wählen Sie alte, regionaltypische Obstsorten aus spezialisierten Baumschulen.
- Eine Wasserfläche belebt jeden Garten. Sowohl ästhetisch wie ökologisch ist die Anlage eines Gartenteiches ein Gewinn.
- Gestalten Sie Wege- und Platzflächen mit ansprechenden, natürlichen Belägen, damit ein Großteil der Niederschläge auf ihrem Grundstück versickern kann.
- Legen Sie eine Blumenwiese an und mähen Sie zumindest einen Teilbereich der Wiese nur zwei- bis dreimal jährlich.
- Belassen Sie eine Ecke für Wildkräuter wie die Brennnessel, die unter anderem wichtige Nahrungspflanze für die Raupen zahlreicher Schmetterlingsarten ist.
- Legen Sie einen Totholzhaufen, einen Laub- oder einen Steinhaufen an. All diese Strukturen bieten Insekten, Vögeln und Säugetieren Unterschlupf.

Die beiden Feuerwanzen sorgen noch für Nachwuchs, auf dem Blatt hat bereits eine andere Wanzenart ihre Gelege platziert.

- Räumen Sie Ihren Garten nicht im Herbst auf, sondern belassen Sie totes Holz und abgestorbene Pflanzenteile bis zum Frühling im Garten, da zahlreiche Tiere diese Elemente zum Überwintern benötigen.
- Stellen Sie zum Recycling von Garten- und Küchenabfällen einen Komposthaufen oder Schnellkomposter auf, der wertvolle Komposterde für den Garten liefert.
- Sammeln Sie Regenwasser in Tonnen oder Zisternen. Regenwasser ist besser für die Pflanzen als teures Trinkwasser aus der Wasserleitung.
- Hängen Sie Nistkästen für Vögel auf und schaffen Sie Nist- und Überwinterungsmöglichkeiten für Insekten.

Das Schlüssel-Schloss-Prinzip

Das Wechselspiel zwischen Tieren, Pflanzen und Pilzen hat sich über viele Millionen Jahre entwickelt. Jeder ist von jedem abhängig und für das Überleben benötigt jedes Lebewesen – je nach Grad der Spezialisierung – viele andere Arten. Fällt auch nur eine Art aus, kann dies gleich einer ganzen Kette weiterer Arten das Überleben schwer machen.

Viele Bienen- und Wespenarten leben in einer Kette von Abhängigkeiten. Eine Art parasitiert die andere und die parasitierende Art wird ihrerseits wieder von einer anderen Art genutzt.

Wildbienen beispielsweise sind auf den Nektar und Pollen jeweils einer speziellen Pflanzenart oder doch wenigstens einer Pflanzenfamilie angewiesen. Fehlt diese Nahrungsquelle, dann fehlt auch die Wildbienenart. Und genau so ist das auch bei den Schmetterlingen.

Neben der engen Verbundenheit zur Nahrungspflanze kommt hinzu, dass ein Jahreszyklus absolviert werden muss: Aus dem Ei schlüpft stets eine Raupe, die sich erst einmal ordentlich satt essen muss, ehe sie wächst, sich häutet, frisst, wächst, sich häutet und so weiter, bis sie sich schließlich verpuppt.

Den einen nicht ohne die andere: Die Raupen des Schwalbenschwanzes benötigen die Wilde Möhre als Futterpflanze.

An zwei Beispielen wird die Abhängigkeit deutlich:
Der Schwalbenschwanz ist sicherlich einer der auffälligsten und größten Tagfalterarten und kann durchaus auch einen Platz im Naturgarten finden. Dafür müssen aber einige Bedingungen erfüllt sein. Während erwachsene Falter oft weniger wählerisch bei ihren Nektarquellen sind (viele Tagfalter nehmen Wasser und Mineralstoffe aus Pfützen oder gar Dunghaufen auf), muss die Nahrungspflanze für die Raupe ganz genau stimmen.

Beim Schwalbenschwanz jedenfalls ist die Wilde Möhre sehr gefragt. Ein erwachsener Schwalbenschwanz fliegt also dorthin, wo es diese Pflanze gibt, um daran die Eier abzulegen. Aus den Eiern schlüpfen kleine Raupen, die sofort damit beginnen, die Blätter der Wilden Möhre zu verzehren. Die Raupe nimmt zu, die Haut wird ihr zu eng und sie muss sich häuten. Das tut sie so lange, bis sie – im Falle des Schwalbenschwanzes – ungefähr die Größe eines kleinen Fingers hat. Jetzt braucht die Raupe einen Ort zum Verpuppen. Da bietet sich die geschützte Hecke mit einheimischen Sträuchern an. Hier überwintert der Falter als Puppe. Versteht sich, dass diese Hecke nun nicht in Form geschnitten werden darf und Rückschnitte zur Vermeidung großer Verluste nur abschnittsweise erfolgen sollten. Nur wenn diese Bedingungen erfüllt sind, fliegt im nächsten Frühsommer wieder ein prächtiger Schwalbenschwanz durch den Garten.

Beispiel Nummer zwei ist in Gärten seltener zu erwarten und eher an mageren, sonnigen Wiesenstandorten zu finden: Der sehr selten gewordene Thymian-Ameisenbläuling. Der Name verrät schon das Programm. Die Raupen benötigen als Grundnahrung Thymian oder Dost in den ersten Raupenstadien. Dann kommt der zweite Teil des Namens zum Tragen, die Ameisen. Genauer, Knotenameisen. Während Ameisen für andere Raupen lebensgefährlich werden können, schafft es die Raupe des Thymian-Ameisenbläulings sich von den Arbeiterinnen der Wirtsameise mit in den Bau nehmen zu lassen. Dort ernährt sie sich von den Eiern und Larven der Ameisen bis sie sich verpuppt. Mittels Ablenkungsmanöver entkommt der geschlüpfte Falter später wieder aus dem Ameisenbau.

Diese Beispiele zeigen, wie eng verzahnt die Beziehungen zwischen

Mit reichlich Nussvorräten und einigen, kurzen Ruhephasen kommt das Eichhörnchen als ‚Winterruher' durch die kalte Jahreszeit.

verschiedenen Pflanzen und Tieren sind. Oft lassen sich Beziehungsketten von Räubern, Beute, Parasiten und Symbionten identifizieren, die zehn und mehr Kettenglieder haben. Stirbt aus dieser Kette nur eine Art, können alle anderen gefährdet sein, der sogenannte „Aussterbestrudel" nimmt Fahrt auf.

Strategien der Tiere im Winter

Was machen Tiere bei Kälte und Nahrungsmangel im Winter? Während sich die einen in den sonnigen Süden verabschieden, haben die anderen im Laufe ihrer Entwicklung unterschiedliche Strategien entwickelt. Einige haben sich für den Winter einen Nahrungsvorrat angelegt, auf den sie bei Bedarf jederzeit zugreifen können. Andere mussten sich vor dem Winter eine ordentliche Speckschicht zulegen von der sie dann im Sparprogramm einige Monate leben müssen.

In jedem Fall müssen Tiere ihren Stoffwechsel den Gegebenheiten entsprechend anpassen. Dabei geht die Intensität der einzelnen Strategien fließend ineinander über. Die Winterruhe ist durch eine geringe Temperatursenkung, durch häufiges Aufwachen und Nahrungsaufnahme gekennzeichnet. Ein typischer Vertreter ist das Eichhörnchen, das bei der Suche nach vergrabenen Nüssen auch deutliche Spuren im Schnee hinterlässt.

Die nächste Stufe ist der Winterschlaf, bei dem nicht nur die Körpertemperatur erheblich herunter gefahren wird, sondern auch die Herz- und Atemfrequenz. Igel sind Winterschläfer. Sie wachen nur selten auf und nehmen während des Winterschlafs keine Nahrung auf.

Völlig über die Außentemperatur gesteuert sind die wechselwarmen Tiere, die ihre Körpertemperatur nicht selbst regeln können und immer auf Erwärmung von außen angewiesen sind. Insekten, Reptilien und Amphibien fallen bei Unterschreitung einer bestimmten Außentemperatur in Winterstarre.

Passend zu diesen Strategien muss der naturnahe Garten geeignete Quartiere anbieten, in denen die Tiere ungestört über den Winter kommen. Auch schon im Sommer und Herbst sollte der Garten viel an Nahrung anbieten, damit die Wintervorräte aufgefüllt werden können: Haselnusssträucher für die Eichhörnchen, Insekten für die Igel und Beeren als Vogelnahrung. Dazu Laub- und Reisighaufen, eine Totholzhecke, hohle Stängel als Überwinterungsquartier für Käfer und Wildbienen. So kommen Hummelköniginnen, Tagpfauenaugen und Erdkröten gut durch den Winter.

Im Laubhaufen hält der Igel Winterschlaf. Besonders energiesparend kommen die Erdkröten durch den Winter - sie fallen in Kältestarre.

Wege durch den Garten

Schon bei der Erschließung des Grundstücks gibt es zahlreiche Möglichkeiten Lebensraum zu schaffen. Grundsätzlich gilt es, so wenig wie möglich zu befestigen. Nur wo wirklich schwere Lasten, wie etwa auf der Autoeinfahrt, bewegt werden müssen ist überhaupt ein tragfähiger Unterbau notwendig. Auf allen anderen Flächen und Wegen sollte dieser Eingriff in den Boden möglichst unterbleiben.

Wenn Unterbau, dann immer mit wasserdurchlässigem Schotter, so dass das Niederschlagswasser die Möglichkeit hat, hier zu versickern und zur Grundwasserbildung beitragen kann oder bei der nächsten Hitzeperiode einfach zur Verdunstung zur Verfügung steht. Gerade jetzt, wo sich seit ein paar Jahren die Folgen des menschgemachten Klimawandels immer sichtbarer in unseren Landschaften und Gärten abzeichnen, ist unsere Kreativität im Umgang mit den ungleich verteilten Niederschlägen gefragt. Den Garten sollten wir zu einer Art Schwamm entwickeln. Verdunstet bei hohen Sommertemperaturen dieses Wasser wieder, kühlt sich die Umgebung messbar ab. Die Temperaturdifferenz zwischen einer Grünfläche und einer Asphaltfläche kann im Sommer 20 bis 30 Grad ausmachen. Über den sich schnell erwärmenden Beton- und Asphaltflächen der Straßen und öffentlichen Plätze entstehen Luftwirbel. Stäube wirbeln auf, machen nicht nur Asthmatikern zu schaffen. Dort wo Wasser verdunsten kann, kühlt sich das Kleinklima nicht nur ab, auch Stäube werden gebunden, was die Atemwege spürbar schont.

Versickerungsfähige Oberflächen schaffen

Entsprechend sollte die Wahl der Oberflächengestaltung von Wegen und Flächen ausfallen. Dort wo es sein muss und wir auch bei Schmuddelwetter festen Halt brauchen und saubere Schuhe haben wollen, kann ein Natursteinpflaster mit ungleichen Kanten oder auch ein Betonpflaster mit

Meist ausreichend im Garten: Ein paar Steinplatten lenken durch das Grün und geben sicheren Tritt.

Ermöglichen die Regenwasser-Versickerung: Holzbohlen- und Kieswege.

möglichst weiten Fugen zum Einsatz kommen. Die Fugen werden mit Splitt ausgefüllt, was die Versickerung ermöglicht. Spezielle Fugen-Saatgutmischungen verleihen den Zwischenräumen eine Wildblumen-Optik durch Arten, die gut mit Tritt und Trockenheit klar kommen. Eine weitere Bereicherung der Artenvielfalt im Garten, denn mit den dort wachsenden zusätzlichen einheimischen Pflanzen ziehen auch darauf spezialisierte Insekten nach, die ihrerseits wiederum wichtige Nahrungsgrundlage für den Vogelnachwuchs, den Igel und die Kröte sind.

Überall dort, wo kein reger Verkehr stattfindet, bietet sich ein abgestuftes System an Wegebefestigungen an. Der Kiesweg ist ein wenig aus der Mode gekommen, aber zwischen seinen Steinen kann immer noch sehr gut das Wasser versickern. Ideal sind Bodenbeläge aus natürlichen Materialien. Fällt im eigenen Garten viel Astschnitt, etwa von Obstbäumen oder aus der Heckenpflege an, dann kann dieses gehäckselt auf die Oberfläche der Wege aufgebracht werden. Es fügt sich sehr schön als natürlicher Stoff ein, verrottet mit der Zeit und bildet somit wertvollen Humus. Außerdem kann das Holz große Mengen an Wasser speichern und dann langsam wieder an den Boden, an die umliegenden Beete oder

Nur die Wege werden herausgemäht oder Trampelpfade angelegt.

über Verdunstung an die Luft abgeben. Eine weitere kleine „Klimaanlage“ im Garten.

Ein Trittsteinweg ist eine andere Alternative: Schöne Natursteinplatten in Schrittweite in die Wiese eingebaut ermöglichen einen sicheren Tritt und trockene Füße im nassen Gras. Einfach und dekorativ ist der Typ „Trampelpfad“, also das Anlegen von Gartenwegen überall dort, wo Verbindungen benötigt werden, ganz ohne Befestigung oder Belegung der Oberfläche. Mit dem Rasenmäher kann ein schmaler Pfad leicht in die höher stehende Wiese gemäht werden und weist so die Richtung durch die heimatliche Wildnis.

Mini-Lebensraum Fuge

Die Sommerzeit ist auch die Zeit der merkwürdigen Kratzgeräusche. Ausgestattet mit Spezialwerkzeug wird den Grashalmen und Kräutern nachgestellt, die sich in den Fugen und an den Wegrändern breit gemacht haben. Moose stehen ebenfalls auf der Fahndungsliste. Ordentlich und sauber muss es schließlich aussehen.

Begrünte Fugen sind Lebensraum und Mini-Klimaanlagen in einem.

Aber warum tolerieren wir diese Selbstbegrünung nicht? Schließlich findet sie meist an den Rändern statt, dort wo keiner drüber läuft und drüber fährt. Meist ist genau zu sehen, welche Flächen tatsächlich regelmäßig genutzt werden – hier haben die Pflanzen kaum eine Chance oder ducken sich klein und flach an. Gerade die kleinen grünen Nischen können schon eine große Wirkung haben. Diese Extremstandorte bringen besondere Blütenpflanzen hervor und bieten Kleinstlebensräume für Insekten. Wir sollten lieber öfter mal in der Hängematte bleiben und den ‚Unkrautkratzer', den mit Gas betriebenen Brenner und vor allem die Giftspritze im Gartenschuppen verstauen – ganz unten, damit wir nicht mehr dran kommen.

Das Grün in den Fugen ist ein Mini-Lebensraum und eine Art Luftfilter. Speziell die Moose haben eine ganz besondere Fähigkeit Luft zu befeuchten und zu reinigen. Sie sind wahre Meister im Einfangen von Feinstaub. Wir sollten es nicht einfach beseitigen, sondern seine kleinen Strukturen und die vielen verschiedenen Grüntöne unterschiedlicher Moosarten wahrnehmen und genießen.

Blütenpflanzen der Wiese:
Wiesen-Bocksbart und Margerite mit Schwebfliege

Wiesen-Pippau und Wiesen-Flockenblume mit einem Ochsenauge (Schmetterling)

Die Wiese

Es gibt keine Vorschriften dafür, wie eine artenreiche Wiese auszusehen hat. Auch nicht, wie sie entstehen sollte. Viele Wege führen zu mehr Arten- und Blütenreichtum im Rasen beziehungsweise auf der Wiese.

Jeder Standort hat seine Potenziale, die schon mit wenigen Tricks ausgereizt werden können. Das geht am besten, wenn die Düngung auf der Wiese grundsätzlich unterbleibt, die Wiese nicht gemulcht, sondern gemäht und das Mähgut innerhalb weniger Tage abgetragen wird. Bei der Umstellung kann noch öfter gemäht und abgetragen werden, um einen möglichst schnellen Nährstoffentzug zu erzielen. Später pendelt sich dann ein extensiverer Turnus ein. Wichtig ist dann nur, dass überhaupt gemäht wird und, dass das Mähgut zusammengerecht und abtransportiert wird. Dieses kann sehr gut unter den Sträuchern als Mulchschicht aufgebracht werden. Die Sträucher benötigen die Nährstoffe und die Mulchschicht hält den Oberboden auch im Sommer kühl und feucht. Darunter tobt das Leben aus Regenwürmern und Springschwänzen.

Blumenwiese

Je nährstoffärmer der Boden, umso mehr haben Blütenpflanzen die Chance sich gegen die schnellwüchsigeren Gräser durchzusetzen. Aus diesem Grund sollte auch immer das Mähgut von der Fläche geräumt werden. Mulchen ist daher keine Alternative. Überhaupt sorgen viele Rasenmäher mit ihren kreisenden Messern nicht nur für Abgase und Lärm, sondern auch dafür, dass ein Großteil des Lebens in der Wiese totgehäckselt wird, darunter Heuschrecken, Schmetterlinge, Käfer und Bienen, aber auch Eidechsen, Molche und Kröten. Ideal ist eine Mahd per Sense, das hält fit und erhöht die Überlebensrate bei den Tieren um ein Vielfaches.

Der Natternkopf ist ein typischer Vertreter artenreicher Blumenwiesen im Naturgarten.

Schöne Blüten, die jeder Garten hat, wenn sie nicht abgemäht werden: Kriechender Hahnenfuß...

Scharbockskraut und Hirtentäschelkraut

Umstellung eines „normalen“ Rasens mit Initialstreifen.

Die Umstellung

Bei bereits angelegten Gärten geht die Umstellung in vielen kleinen Schritten, denn bei einer bereits vorhandenen Grasfläche müsste für eine Neuansaat mit Wildblumenmischungen die gesamte Grasnarbe abgetragen werden. Ein großer Aufwand, der auch noch ökologisch fragwürdig ist.

Oft befinden sich versteckte Samenschätze im Boden, die jetzt – nach der Extensivierung und der reduzierten Mahd – zu Tage kommen. Es lohnt sich, erst einmal genauer hinzuschauen. Meist stellen sich zuerst Gänseblümchen, Löwenzahn und Hahnenfuß ein, eventuell sind auch Veilchen oder Ehrenpreis dabei. Immerhin schon mal ein guter Anfang.

Repräsentative Blüten-Farbmischung im Vorgarten dank Regio-Saatgut.

Nachhelfen mit Saatgutübertragung

Vielleicht gibt es rund um den eigenen Wohnort sogar noch artenreiche Blumenwiesen. Meist sind diese auf Streuobstwiesen zu finden. Wenn dort Arten wie der Wiesen-Salbei, die Margerite und die Weiße Lichtnelke blühen, dann lohnt es sich darauf zu warten, dass die Wiese gemäht wird. In Absprache mit den Eigentümern kann ein Teil des Mähguts zur Saatgutübertragung genutzt werden. Einfach Teilflächen des Rasens ganz kurz mähen, das Mähgut einige Tage großflächig ausbreiten, bis die Samen ausgefallen sind. Nach etwa einer Woche kann das Mähgut wieder zusammengerecht werden. Mit etwas Glück wird es dann schon in der nächsten Vegetationsperiode deutlich bunter.

Initialstreifen anlegen

Wie wäre es mit einem bunten Saum? Das passende Saatgut aus regionalen Quellen gibt es unter anderem unter der Bezeichnung „Schmetterlings-Wildbienen-Saum“. Angepasst an die Gesamtgröße von Garten und Wiese können damit einige Quadratmeter angesät werden. Wenn sich die Pflanzen dort gut entwickeln und auch bis zur Samenreife stehen bleiben, dann wandern diese Arten allmählich in die vorhandene Wiese ein und bereichern diese um weitere Blütenpflanzen.

Solche Initialstreifen können immer wieder neu, an verschiedenen Seiten der Rasenfläche angelegt werden. Auch kleinere Flächen in der Wiese können Initialfläche werden. Diese vorübergehend vegetationsfreien Flächen mitten in der geschlossenen Grasnarbe haben noch weitere positive Effekte für die Artenvielfalt. Wildbienen finden dort einen Platz, um ihre unterirdischen Gänge zur Eiablage anzulegen.

Ansaat mit Wildblumen

Ob Fläche oder Streifen, grundsätzlich muss erst einmal die vorhandene Grasnarbe komplett abgetragen werden. Dann wird der Boden oberflächlich umgegraben, gelockert, von allen vorhandenen Pflanzenteilen und Wurzeln befreit und schließlich ein feinkrümeliges Saatbett angelegt. Hierauf wird dann oberflächlich das Wildblumen-Saatgut ausgestreut, aber nicht eingearbeitet, da viele der Pflanzen Lichtkeimer sind. Dann anwalzen oder mit einem Brett fest antreten. In den ersten Wochen ist die Aussaat feucht zu halten, mindestens so lange, bis die Pflanzen einen Spross ausgebildet haben. Da unter dem Einfluss des Klimawandels der Frühling immer trockener ausfällt ist es ratsam, die Aussaat auf Ende August oder Anfang September zu verlegen. Das hat auch den Vorteil, dass die zwei- oder mehrjährigen unter den ausgesäten Pflanzen bereits in der ersten Vegetationsperiode Blüten treiben.

Anders sieht es bei der Neuanlage eines Gartens aus: Wenn hundert Prozent der Gartenfläche neu angelegt werden müssen, kann von vornherein mit Wildblumenmischungen oder Regio-Saatgut angesät werden.

Im ersten Jahr der Ansaat dominieren die Einjährigen. Hier bedienen sich die Stieglitze an den Samen von Kornblume und Klatschmohn.

In den Saatmischungen sind sowohl einjährige als auch mehrjährige Blütenpflanzen enthalten. Im ersten Jahr blühen ausschließlich Arten wie Klatschmohn und Kornblume. Über das Jahr entwickeln die Mehrjährigen ihre Blattrosetten, um dann erst nach dem nächsten Winter ihre Blütenstände zu zeigen. Je nach Standort stellen sich Wiesen-Pippau, Flockenblume, Witwenblume und Natternkopf ein.

Mähmuster einbauen

Je nach Standort und Entwicklungsstand der Blumenwiese sind unterschiedliche Mähmuster angesagt. Natürlich dürfen die benötigten Wege

Die Mahd der Wiese erfolgt in mehreren zeitlich versetzten Abschnitten.

durch den Garten schon mit dem ersten Aufwuchs gemäht werden. Der Rest ist dann aber erst nach der Blüte der Margerite (meist Anfang bis Mitte Juni) dran. Für Anfang September wird noch mal eine zweite Mahd empfohlen. Wenn machbar, dann sollte nicht alles an einem Tag abgemäht werden. „Altgrasstreifen" mit Winterstehern bleiben stehen – so haben die Insekten eine Chance darin zu überwintern und sind auch im nächsten Jahr wieder im Garten zu beobachten.

Das Prinzip der „mittleren Störung"

Überall ist die Rede vom „ökologischen Gleichgewicht" oder von „stabilen Ökosystemen". Meist liegt dem ein statisches Denken zugrunde. Wir wollen am liebsten einen gewissen Zustand der Natur einfrieren, keine Änderungen mehr zulassen, durch Eingriffe und Lenken dafür sorgen, dass alles beim Alten bleibt.

Da klingt es widersinnig, dass ausgerechnet Störungen ein Garant für eine hohe Artenvielfalt sein sollen. Die Ökologieforschung definiert so-

Mit der Hacke werden Störstellen für Wildbienen geschaffen.

gar ein Optimum und benennt es eine „mittlere Störung“. Gemeint sind natürliche Effekte wie Brände, Erdrutsche oder Überschwemmungen. Nur die regelmäßige Überschwemmung macht aus einer Flussaue einen artenreichen Lebensraum, auch wenn die Wassermassen einzelnen Arten schwer zusetzen können. Dabei darf die Überschwemmung nur ein gewisses Maß haben. Eine Art Mittelwert, eine Menge Wasser, für die viele Arten Strategien entwickelt haben. Sie werden es überleben, auch wenn danach die Karten in Sachen Häufigkeit und Konkurrenz neu verteilt werden.

Selbstverständlich wünschen wir uns keine Überschwemmungen für den Naturgarten und daher greifen wir selbst zum Gartenwerkzeug, um kleine Störungen hinzuzufügen. Da bieten sich Wiesenbereiche an, auf denen sich manche Blütenpflanze rar gemacht hat, dort wo nur noch wenige Grasarten dominieren. Die Störungsfläche sollte relativ klein ausfallen, je nach Gartengröße vielleicht ein bis drei Quadratmeter. Jetzt wird mit der Hacke die Grasnarbe aufgerissen, einzelne Placken können auch entfernt werden, der offene Boden tritt zu Tage. Nach diesem Eingriff legen wir uns wieder getrost in die Hängematte, warten ab und beobachten was jetzt passiert. Die folgenden Prozesse können immer ein wenig anders ablaufen. Der aufgerissene und nun vegetationsfreie Boden wird von Wildbienen angenommen. Viele Arten können nämlich gar nichts mit Bienenhotels anfangen. Sie legen ihre Eier im Boden ab. Das ist gut zu beobachten und ist an den Miniatur-Maulwurfshügeln leicht zu identifizieren.

Wenn die Konkurrenz der schnell wachsenden Gräser ausgeschaltet ist, dann schlägt die Stunde der Pionierpflanzen, deren Samen vielleicht schon eine Ewigkeit im Boden überdauert und auf diesen einen Moment gewartet hat. Jetzt schnell, bevor es zu spät ist. Auf einmal zeigen sich bislang ungekannte Keimblätter, erste Blattrosetten werden ausgebildet und schließlich erscheinen Blüten, die an dieser Stelle schon lange nicht mehr zu sehen waren. Der Erdrauch zum Beispiel, dessen Samen die Ameisen hier hergetragen haben. Ober aber Arten wie Klatschmohn und Kornblume. Die behaupten sich als einjährige Pflanzen normalerweise auf weniger intensiv bewirtschafteten Äckern und geben nun auch für eine Saison ihr Stelldichein mitten in der Wiese des Naturgartens.

Die Wildblumenmischungen und das Regio-Saatgut können sehr unterschiedlich ausfallen, die Auswahl sollte sich immer auch an den Standorteigenschaften orientieren.

Werden alle von Ameisen im Garten verbreitet:
Erdrauch und Vergissmeinnicht...

...ebenso wie Klatschmohn und Kornblume.
Hier gut zu erkennen: Die Feldwespe gehört zu den Faltenwespen.

Bäume und Sträucher

Sie spenden Schatten, produzieren Sauerstoff, binden Kohlendioxid und bieten in ihren Zweigen Etagenwohnungen für verschiedene Vogel- und Insektenarten: Bäume und Sträucher sind ein wichtiger Baustein in der Gestaltung jedes Gartens. Sie sorgen für die Gliederung des Raums, grenzen ab zu Nachbarschaft und Straße und setzen kleinere oder größere Landmarken.

Da die Mehrheit der Insekten und Vögel mit den Ziersträuchern aus aller Welt nicht viel anfangen kann, fällt die Wahl eindeutig und möglichst ausschließlich auf einheimische Gehölze. Anregungen zur Bepflanzung liefert ein aufmerksamer Spaziergang entlang von Hecken und Waldrändern in der eigenen Region. Die Arten fallen durch unterschiedliches Wachstum, verschiedene Zeiträume der Blüte und im Herbst durch unterschiedlich gefärbte Früchte auf. Eine bunte Mischung aus allen macht sich gut für den Garten. Dabei dürfen einzelne Gehölze gerne auch wehrhaft sein. Die Stacheln der Wildrose und die Dornen des Weißdorns

Diese Seite: Blüte der Kornelkirsche
Der Weißdorn in der Blüte und im Herbst mit Beeren.

bieten einen vor Katzen und Waschbären sicheren Brutplatz für Heckenbrüter wie Mönchsgrasmücke, Zilpzalp, Grünfink und Amsel.

Die verschiedenen Früchte ernähren zahlreiche Tiere im Garten und geben ihnen die nötige Energie, um durch kalte Wintertage zu kommen.

Wenn Vögel und Säugetiere die Wahl hätten, dann wäre dies ihre Hitliste:

Pflanzenart	Anzahl fruchtfressender Vogelarten	Anzahl fruchtfressender Säugetierarten
Eberesche/Vogelbeere	63	31
Schwarzer Holunder	62	8
Faulbaum	36	11
Weißdorn	32	17
Gemeiner Liguster	21	10
Schlehe	20	18
Haselnuss	10	33
Weiden	3	16

Ebenfalls nicht fehlen sollten Arten wie Kornelkirsche, Pfaffenhütchen, Gemeiner Schneeball, Hartriegel und Heckenrose.

Die Blüten und Früchte des Holunders sowie die Früchte von Kornelkirsche, Heckenrose (Hagebutte) und Schlehe können auch den menschlichen Speiseplan bereichern.

Je nach Größe des Gartens kommen noch Baumarten dazu. Meist fällt die Wahl auf halb- oder hochstämmige Obstbäume, von denen Mensch und Natur profitieren. Ergänzt wird die Artenliste der Bäume für den Naturgarten durch Feldahorn, Vogelkirsche, Traubenkirsche und Wildbirne.

Blütenstände und Früchte der Hartriegels.

Steine im Naturgarten

Ganz schön viel Schotter

Manche Gemeinden haben sie auf die Verbotsliste gesetzt und in Hessen ist die Neuanlage nach dem neuen Naturschutzgesetz seit 2023 sogar verboten. Gemeint sind Schottergärten. Meist eintönige Flächen, die genauso gut auch als Stellplätze für Autos genutzt werden könnten. Statt üppiger Pflanzendecke stehen hier bestenfalls Solitäre nicht einheimischer Koniferen oder gar Palmen.

Reine Steinschüttungen – auch wenn unterschiedlich farbige Steine eingesetzt werden – sind ökologische Todeszonen. Ihre Oberflächen erhitzen sich im Sommer schnell und machen somit die zunehmenden Temperaturen noch unerträglicher. Folien oder Vliese unter dem Schotter verschärfen die Situation noch. Hat sich dann doch eine dünne Humusschicht zwischen den Steinen angesammelt, keimen erste Pionierpflanzen, die im ungünstigsten Fall per Unkrautvernichter wieder vertrieben werden.

Stattdessen könnte an derselben Stelle ein Paradies für Schmetterlinge, Wildbienen und Käfer wachsen. Paradoxerweise ebenfalls auf Schotter. Jedenfalls können Natursteine unterschiedlicher Größe eine echte Bereicherung sein und Lebensraum vieler Tier- und Pflanzenarten werden. Entscheidend ist die Mischung.

Die Mischung macht es

Zwei Dinge sind entscheidend, nämlich die Mischung des Substrats und die Mischung des Saatguts oder der Pflanzen. Wer nämlich auf pflegeleichte Flächen setzt, sollte ein großes Interesse daran haben, dass eine geringe Nährstoffversorgung auch für ein mageres Pflanzenwachstum

Schotter und Steine im Garten können bei entsprechendem Einbau und mit der richtigen Bepflanzung vielen Arten neue Lebensräume bieten.

sorgt. Weniger üppiges Grün bedeutet weniger Konkurrenz – insbesondere von schneller wachsenden Gräsern – und das wiederum begünstigt eine große Vielfalt unterschiedlicher Blütenpflanzen.

Vor der Anlage solcher Flächen sollte unbedingt der Standort genau unter die Lupe genommen werden. Die Bodenqualität, die Wasserverfügbarkeit des Standorts, die Exposition – entscheidende Faktoren für die spätere Auswahl der optimalen Pflanzen. Bei sehr nährstoffreichen Flächen wird der Oberboden abgetragen und kann auf Gemüsebeeten oder unter Bäumen und Sträuchern wieder eingebracht werden. Dann wird als Pflanzsubstrat eine Schottermischung mit unterschiedlicher Körnung eingebracht, mit sogenanntem „Null-Anteil". Darunter kann ein Anteil des anstehenden Bodens beigemischt werden. Speziell für diese mageren Standorte gibt es Samen und Pflanzen gebietseigener Wildblumen und Wildgräser aus gesicherten Herkünften. Die angebotenen Samenmischungen werden passend zu den Standorteigenschaften beispielsweise als „Schattsaum" oder als „Wärmeliebender Saum" angeboten. In jedem Fall sollte vor der Anlage solcher Flächen eine Beratung durch Fachleute stattfinden. Hier bieten sich neben anderen die Expertinnen und Experten des Naturgarten e.V. an.

Der Vorteil dieses „Schottergartens": Bunte Blütenpracht fast durch die gesamte Vegetationsperiode, anspruchslose Pflanzenarten, die auch in trockenen Sommern mit wenig Wasser klar kommen und ein reiches Angebot an Nektar und Pollen für die Insekten, die das Ganze fröhlich summend bestätigen werden.

Trockensteinmauer und Steinwall

Die Trockensteinmauer

Wer in einer Mittelgebirgslage wohnt, muss gar nicht lange graben, um zu den richtigen Steinen zu kommen. Aber auch in den Niederungen kann ein Naturstein eine echte Bereicherung für den Naturgarten sein. Auf-

Im Naturgarten sollten nur Natursteine aus den Steinbrüchen der eigenen Region verwendet werden.

geschichtet zu Trockensteinmauern haben sie sogar Potenzial die Gartenfläche zu vervielfachen. Vertikale Strukturen erhöhen den optischen Reiz eines Gartens enorm, können Räume gliedern, Orientierung geben, Blickachsen brechen und sind Lebensraum für viele wärmeliebende Arten. In jedem Fall die Mauerbiene, im Glücksfall auch die Zauneidechse.

Mit der Wahl der richtigen Steine fängt es an. Je nach geologischem Ausgangsgestein der Region, in der sich der Garten befindet sollte auch der passende Stein gewählt werden. Mit etwas Glück wird in der Nähe noch ein Steinbruch betrieben. Dort können die passenden Größen und Mengen ausgesucht werden. Je nach Gestein sind die einzelnen Steine eher plattenförmig, quaderförmig oder sehr ungleich gebrochen. Manchmal fallen auch beim Abbruch alter Häuser oder Scheunen Natursteine aus der Region an, mal Basalt oder Sandstein, mal Quarzit oder Granit. Alle haben ihren Reiz.

Im Garten werden die Steine wie ein Puzzle ohne Zement zu niedrigen Mauern zusammengesetzt. Die Fugen bleiben frei. Zur Stabilisierung werden die Mauern mit einem möglichst mageren Boden oder einem lehmhaltigen Sand hinterfüllt.

Die Kräuterspirale

Eine im wahrsten Sinne vielseitige Variation der Trockensteinmauer ist eine aus Natursteinen aufgeschichtete Kräuterspirale. Ein dekoratives Element, das die Verfeinerung der Küche mit einem zusätzlichen Angebot für Insekten verbindet. Spiralförmig nach oben gezogen werden in den Pflanzflächen unterschiedliche Standorteigenschaften geboten. Von voller Sonneneinstrahlung bis zum halbschattigen Plätzchen, von mageren bis nährstoffreicheren Substraten und von trockenen bis feuchten Stellen reichen die Gradienten, die hier auf engem Raum zusammenkommen. Ideal für Majoran, Thymian und Pimpinelle. Am Fuße kann noch ein kleines Wasserbecken eingegraben werden, um auch feuchtigkeitsliebenden Arten wie der Brunnenkresse ein Zuhause zu bieten.

Die Zauneidechse nutzt Trockensteinmauern als Unterschlupf und Sonnenplatz.
Eine Bereicherung für die Küche und für Blütenbesucher ist die Kräuterspirale.

Je nach Größe finden bis zu 20 verschiedene Kräuter Platz auf der Spirale. Gerne dürfen die Kräuter auch blühen und locken damit Schwebfliegen und Schmetterlinge wie das Große Ochsenauge und den Distelfalter an.

Der Lesesteinwall

In alten Kulturlandschaften gehören sie zum typischen Bild: Die Lesesteinhaufen oder Lesesteinwälle haben sich oft über viele Generationen an den Ackerrändern bei der Bodenbearbeitung angehäuft. Steine, die beim Pflügen zu Tage treten, werden abgelesen und neben der Anbaufläche abgelegt. Teile dieser Wälle werden mit der Zeit von Sträuchern durchwachsen, so dass die Steinhaufen im Innern einer Hecke landen. Teils entwickelt sich zu Füßen der Steine ein Krautsaum mit verschiedenen Staudenarten.

In den vielen Hohlräumen zwischen den abgelegten Steinen tobt das Leben. Eidechsen, manchmal auch Schlangen, Amphibien, Kleinsäuger, wie das Mauswiesel, Laufkäfer und Wildbienen besiedeln diese Fläche in großer Artenzahl.

Ein kleines Abbild davon lässt sich auch im Naturgarten etablieren. Hier lohnt ein Experimentieren mit unterschiedlich großen Steinen und Flächen. Punktuell kann noch lehmhaltiger Sand oder grober Schotter mit eingebracht werden. Dazwischen dann noch etwas Totholz in Form dickerer Äste oder Wurzeln unterschiedlichen Zersetzungsgrads und der Lebensraum ist perfekt.

Der Rosmarin, ein anspruchsloser Bewohner der Kräuterspirale.

Dach- und Wandbegrünungen

Gebäude sind die unvermeidbaren Fremdkörper im Hausgarten. Vertikale Elemente ohne Strukturen und Grün. Viele Häuser sind traditionell mit dunklen Dachpfannen oder Schiefer eingedeckt. Flächen, die sich im Sommer schnell aufheizen und zu Hitzestress bei den Bewohnern führen können. Verlorene Wand- und Dachflächen, die der Natur und meist auch dem betrachtenden Auge nicht viel zu bieten haben.

Wie wäre es, wenn Dach- und Wandflächen grün werden und damit zur bestehenden Gartenfläche einfach hinzu addiert werden können? Bei modernen Grundstückszuschnitten kann das gut und gern den Faktor 1,5 ausmachen. Im Grundbuch sind 300 m² ausgewiesen, plus 150 m² Wand- und Dachfläche – macht real 450 m² Garten! Ist das nicht gut? Na dann los.

Eine grüne Haube aufsetzen

Etwas aufwendiger sind Dachbegrünungssysteme, die meist nur beim Neubau oder bei der Komplettsanierung des Dachs angebracht werden können. Dachlasten müssen berechnet werden und die Statik muss stimmen, damit es keine Probleme mit dem Gewicht der Substrate und dem darin gespeicherten Regenwasser gibt. In jedem Fall also ein Projekt bei dem die Unterstützung von Fachleuten empfehlenswert ist.

Kleinere Dachbegrünungsprojekte können leicht auch in Selbsthilfe entstehen, etwa wenn flache Nebengebäude, Gartenhütten oder die Einhausung von Mülltonnen eine grüne Haube aufgesetzt bekommen.

Während Skandinavienurlauber bei Dachbegrünung an die dortige Intensivbegrünung mit üppigem Grasbewuchs denken, sollte besser eine extensive Begrünung der Dachflächen eingeplant werden. Das wird eher den Temperaturen und auch den sommerlichen Niederschlagsmengen in Mitteleuropa gerecht. Außerdem ist die Extensivbegrünung deutlich pflegeleichter.

Bei optimaler Begrünung von Fassaden und Flächen verschwindet das Haus im Garten - wird Teil einer fantastischen Naturlandschaft.

Eine extensive Dachbegrünung auf einem Reihenhaus.

Extensiv heißt – verkürzt beschrieben – auf eine dichte und wurzelfeste Dacheindeckung wird ein Schutzvlies verlegt, auf das dann spezielle Dachbegrünungssubstrate ausgebracht werden. Diese Substrate haben ein relativ geringes Eigengewicht und sind in der Lage, große Mengen an Wasser zu speichern. Je nach Aufbau kann hier eine Speicherkapazität von bis zu 50 Prozent des Niederschlagswassers erreicht werden. Genug, um damit die an Extremstandorte angepassten Pflanzen wie verschiedene Mauerpfefferarten, einige Zwiebelgewächse, Fetthennen oder Hauswurze zu versorgen. Entsprechende Dachpflanzen gibt es als Samen und Sprossen im Fachhandel. Diese lassen sich mit wenig Aufwand auf dem Substrat ausstreuen. Eine Initialdüngung ist von Vorteil, damit schnell ausreichend Pflanzenmasse aufgebaut wird, um eine geschlossene Pflanzendecke zu erreichen. Wenn die verschiedenen gelben, weißen und rosa Blüten die Dachflächen in ein Blütenmeer verwandeln, kommen Wildbienen und Hummeln, aber auch Schmetterlinge und Käfer zu Besuch.

Dachbegrünung auf einer Mülltonneneinhausung.

Den grünen Mantel anlegen

Ein Haus im Grünen, wer wünscht sich das nicht? Warum nehmen wir das nicht wörtlich und warum hat die Fassadenbegrünung immer noch Skeptiker?

Zu Unrecht geht das Gerücht, begrünte Fassaden würden Mäuse und Spinnen ins Haus ziehen. Seriösen Untersuchungen zufolge besteht kein Unterschied bei begrünten oder nicht begrünten Wänden. Dafür haben grüne Wände den enormen Vorteil, ein kleines Ökosystem zu erschaffen, das schnell von nistenden Vögeln und Besuchern des zusätzlichen Blütenangebots in Beschlag genommen wird. Dazu kommt die Klimatisierung des Gebäudes. Die Temperaturspitzen insbesondere im Sommer werden messbar gebrochen. Wo eine geschlossene Pflanzendecke die Fassade bedeckt, da lassen sich deutlich gemäßigtere Temperaturen messen. Gleichzeitig sorgt die Transpiration der Pflanzen dafür, dass Stäube gebunden werden. Positiv auch für die Haltbarkeit der Gebäude-

Herbstfärbung des Wilden Weins

oberflächen. Begrünte Fassaden halten messbar länger, da sie geringeren Temperaturextrema ausgesetzt sind.

Voraussetzungen für eine Wandbegrünung sind eine intakte Fassade und bei einigen Kletterpflanzen entsprechende Rankhilfen.

Als Klassiker werden auf der sonnigen Hausseite selbstrankende Arten wie der Wilde Wein eingesetzt, der kleine Blüten bietet und mit seiner ins Weinrote gehenden Herbstfärbung dem Haus einen ganz besonderen Charme verleiht. Eher schattig mag es der ebenfalls selbstklimmende Efeu mit seinem immergrünen Laub. Da der Efeu auch in die Breite wächst, erhält die Fassade zahlreiche Nischen, in denen insbesondere die Amsel sehr gerne brütet. Sowohl Blüte als auch Beeren des Efeus bereichern das Nahrungsangebot im Garten.

Wilder Wein und Efeu müssen zurückgeschnitten werden, wenn sie die Traufe erreicht haben, sonst wachsen die Regenrinnen zu.

Die Liste möglicher Pflanzen für die Wandbegrünung ist sehr umfangreich, so dass für alle Situationen geeignete Arten zu finden sind. Darunter Rankpflanzen ebenso wie Spalierobst und Kletterrosen. Zur Begrünung stehen aber auch Nutzpflanzen wie die Weinrebe oder die Kiwi zur Verfügung.

Lebensräume schaffen

Benjeshecke

Der Erfinder der Benjeshecke, der Landschaftsgärtner Hermann Benjes, reiste in den 1980er und 90er Jahren mit seinem in hochwertigen Mittelformat-Dias illustrierten Vortrag durch Deutschland. Seine Mission: Die Vernetzung von Lebensräumen mit Feldhecken.

An vielen Orten hinterließ die Flurbereinigung der 1960er und 70er Jahre große, offene Räume, die ausschließlich der landwirtschaftlichen Nutzung gewidmet waren. Hecken, Altgrasstreifen und viele weitere Kleinstrukturen waren im Weg und wurden als „Bewirtschaftungshindernisse" beseitigt. Das hatte nicht nur grundlegende landschaftsästhetische Folgen, auch wurden viele Tierpopulationen auf ihren übrig gebliebenen Inseln, kleinen Waldstücken, Feldholzinseln oder kleinen Naturschutzgebieten isoliert und dem Aussterben preisgegeben.

Gemeinsam mit seinem Bruder Heinrich hatte Hermann Benjes die rettende Idee, mit der eine schnelle „Wiederverheckung" der Landschaft gelingen sollte. Die Benjeshecke wurde geboren. Diese wird als Wall aus Astschnitt entlang von Grundstücksgrenzen oder Wegen quer durch die Landschaft gezogen. Sie verbindet im Idealfall verinselte Lebensräume oder reicht wie Finger an der Hand des Waldes weit in die offene Landschaft hinein. Das Geniale daran: Astschnitt ist in der Regel kostenlos zu haben und die Natur wird zur Mithilfe eingeladen. In den Wällen aus Totholz siedeln sich mit der Zeit erste Tiere an, Vögel finden hier eine Ansitzwarte und – Zitat Hermann Benjes: „scheißen sich ihre Hecke zusammen". Da die Vögel sich zuvor an den Beeren umliegender Hecken gelabt haben, setzen sie jetzt also den Samen für die Belebung des Totholzes. Schon nach wenigen Jahren wächst eine bunte Mischung aus Schlehe, Weißdorn und Pfaffenhütchen auf. Da die Benjes-Hecke breit genug angelegt wird, bieten die trockenen Äste einen guten Verbissschutz für die jungen Sämlinge. Auch sammelt sich Tauwasser an der Oberfläche und versorgt die Pflanzen mit dem nötigen Wasser.

Die Totholzhecke ist eine für Gärten modifizierte Form der Benjeshecke.

In rund 1.000 Vorträgen warb Hermann Benjes für seine Hecken. Zahlreiche Gemeinden, Schulen und Naturschutzgruppen folgten seinem Aufruf. An vielen Orten in Deutschland entstanden die nach ihm benannten Hecken.

Einen Teil des Aufrufs nehmen wir mit in den Garten. Wer das Geld für einen Gartenzaun sparen möchte, kann mit einer Benjeshecke „klassischer Bauart", also als breitem Wall, das Grundstück zur offenen Landschaft abschließen. Da die meisten Gärten aber weniger Platz haben, kommt die modifizierte Variante als Totholz-Hecke zum Einsatz. Hier lässt sich die Breite schon in der Planung genau festlegen. Zunächst werden zwei parallel verlaufende Pfahlreihen mit einem Abstand von mindestens 50 cm – gerne auch 80 oder 100 cm – in den Boden gerammt. Zwischen diesen Reihen wird dann Astschnitt aus dem Garten aufgeschichtet. Kompost, Laub, Grasschnitt und Astschnitt von Thuja und Co. sollten nicht eingebaut werden. Die Totholzhecke kann von der Ausdehnung und Höhe den Proportionen des Gartens und den eigenen Bedürfnissen angepasst werden. Hier lässt sich erstaunlich viel Astschnitt verbauen und bietet schon bei kleinen Dimensionen Unterschlupf für Wildbienen, Käfer, Eidechsen, Zaunkönig, Igel und viele mehr.

Kompakte Bienenhotels mit artgerechter Bestückung.

Bienenhotel

Bienenhotels erfreuen sich seit einiger Zeit großer Beliebtheit. Der Bau solcher Behausungen für solitär lebende Wildbienen ist eines der häufigsten Artenschutzprojekte, ob im Privatgarten, auf dem Schulhof, im Park oder auch im Zoo.

Richtig aufgebaut, können Bienenhotels gute Naturerlebnisse vermitteln. Hier kann die besondere Lebensweise der nicht staatenbildenden Arten studiert werden. Die Ausstattung eines solchen Nistplatzes ahmt überwiegend Totholzstandorte nach, in denen Käfer und andere Insekten bereits Vorarbeiten geleistet haben. Schon im zeitigen Frühjahr geht es los: Die Mauerbienen sind gerade geschlüpft, schon umschwärmen sie die Löcher. Die männlichen Tiere sind leicht an ihrem weißen Haarbüschel mitten im Gesicht von den Weibchen zu unterscheiden. Nach der Befruchtung startet die Eiablage. Dazu krabbelt das Weibchen erst einmal in die Röhre, legt ein Ei ab und packt in mehreren Arbeitsgängen einen Vorrat an Pollen und Nektar dazu. Ist die Kammer ausreichend ausgestattet, wird ein Deckel aus Lehm als Verschluss angebracht. So

werden in ein und dieselbe Röhre mehrere Eier hintereinander gelegt, bis sie voll ist. Von außen ist schließlich nur noch der vordere Lehmdeckel zu sehen. Spätestens ein Jahr danach öffnet sich der Deckel und heraus kommt die nächste Generation.

Beim Bau eines Bienenhotels sollten ein paar Grunddinge beachtet werden, um den Tieren nicht zu schaden oder, um eine Besiedlung überhaupt möglich zu machen. Ein Hauptproblem beim Eigenbau ist das zu große Gehäuse. Da die einzubauenden Materialien sehr kleinteilig sein können und auch viel Zeit in die saubere Verarbeitung investiert werden muss, führt ein zu großes Volumen schnell zur Überforderung. Das ist dann meist daran zu sehen, dass sehr große – aber für Bienen unbrauchbare – Materialien eingebaut werden. Ausgerechnet in einem Zoo im Rhein-Main-Gebiet steht ein Riesengebäude, beinahe so groß wie eine Doppelgarage. Aus lauter Verzweiflung wurde ein Großteil mit Hohlblockziegeln und Schilfmatten ausgestopft. Die Wildbienen quittieren das sofort mit ihrem Fernbleiben.

Auch die Discounter und Bau- und Gartenmärkte sind mittlerweile auf den Zug aufgesprungen. Gelegentlich gibt es dort gut gemachte, fertige Bienenhotels. In der Regeln aber lässt nicht nur die Verarbeitung zu wünschen übrig. Auch die Ausstattung mit Kiefern- oder Tannenzapfen, Schneckenhäuschen, Holzwolle, Baumrinde oder Nadelholzblöcken geht komplett an den Bedürfnissen der Bienen vorbei. Im Fall der von der Stirnseite her angebohrten Nadelholzscheiben kann sogar von „grober Fahrlässigkeit" gesprochen werden, denn hier können sich die Tiere ihre empfindlichen Flügel verletzen. Das ist das sichere Todesurteil, da bei erwachsenen Insekten Flügel weder verheilen noch nachwachsen können.

Daraus folgt, dass die Hotels immer eine Nummer kleiner gebaut werden sollten. Schon Kästen im Maß 40 x 40 cm bieten ausreichend Platz für den zu erwartenden Bienenbesuch. Für die Füllung reicht ein Block Hartholz. Hier sollte möglichst Eiche, Buche oder Esche verwendet werden. Auch manche Obsthölzer sind geeignet. Grundsätzlich darf wegen der feinen Splitter und des Harzes kein Nadelholz eingesetzt werden.

Zwei Eichenstämme als dekorative Bienenhotels.

Wichtiger als das Hotel ist für Wildbienen das Angebot an Blüten.

Das Holz wird dann mit unterschiedlichen Bohrern von zwei bis acht Millimetern langsam und ohne Rauchentwicklung bis zum Anschlag angebohrt. Die Bohrung immer quer zur Faser, also so, wie der Baum steht. Hier arbeiten sich die Käfer auch nicht erst bis zum Stirnholz vor, sondern mehr oder weniger waagrecht von der Rinde bis in den Kern. So kann eine Rissbildung im Holz vermieden werden, denn über Risse dringt Feuchtigkeit in die Brutkammer ein. Die wiederum führt zur Verpilzung und zum Absterben des Nachwuchses.

Im nächsten Arbeitsgang müssen die Bohrlöcher versäubert werden, mit Schmirgelpapier und Rundfeile werden alle groben und feinen Splitter beseitigt. Die letzten Reste Bohrmehl lassen sich mit einem Pfeifenreiniger ausputzen.

Mit derselben Sorgfalt werden auch Materialien wie Schilf oder Bambus vorbereitet. In Längen von 12 bis 15 cm geschnitten, immer so, dass das sogenannte Nodium – also der Verschluss in dem ansonsten hohlen Stängel – am hinteren Ende landet. Auch hier werden die Eingänge schön sauber und glatt gefeilt.

Gehörnte Mauerbienen am Bienenhotel

Als feine Spezialität gibt es im Fachhandel Bienensteine im Format gewöhnlicher Ziegelsteine. In den Rohling werden dort 295 Nestgänge eingepresst und nach dem Brand entsteht ein langlebiger, optimal klimatisierter Brutraum, der von den Wildbienen sehr gerne angenommen wird.

Als weiterer Geheimtipp werden Strangfalzziegel gehandelt. Die gibt es gebraucht oder im Fachhandel. Meist werden sie zur Eindeckung älterer Gebäude verwendet. Jeder Ziegel hat eine Länge von 40 cm und kann bequem in zwei bis drei gleiche Teilstücke geschnitten werden. Dadurch entsteht auch eine saubere Einflugöffnung in die innenliegenden Hohlräume. Die Rückseiten der Strangfalzziegel müssen mit Lehm verschlossen werden. So entstehen schöne Brutplätze für Mauerbiene und Co.

Sehr dekorativ machen sich Stelen aus ganzen oder längs aufgeschnittenen Hartholzstämmen. Wie die Holzblöcke können diese vorgebohrt und aufrecht im Garten aufgestellt werden.

Weitere Bienenarten finden eine Nistmöglichkeit in senkrechten Pflanzenstängeln. Ruten von Holunder oder Brombeere sind aufgrund ihres weichen Kerns sehr gut geeignet. Längere Stücke lassen sich einfach

mit der Schnittstelle nach oben in den Maschendrahtzaun einklemmen, an einem in den Boden gesteckten Metallstab festbinden oder in einen Hohlblockstein als Fuß stecken. Dort schaffen sich einige Wildbienenarten mit ihren Oberkiefern selbst einen gangartigen Hohlraum, in dem sie das weiche Pflanzenmark herausarbeiten.

Übrigens werden die Bienenhotels nur von rund 20 Prozent der über 550 heimischen Wildbienenarten angenommen. Alle anderen Arten bevorzugen von ihrer Biologie her andere Standorte und sind eher im Boden oder auf Sandflächen zu beobachten.

Eins sollte uns klar sein, die Wildbienen brauchen eigentlich gar kein Bienenhotel. Wenn die Strukturen stimmen, ausreichend Totholz vorhanden ist und absterbende Bäume auch mal stehen bleiben dürfen, dann werden künstlich geschaffene Bruträume überflüssig.

Sandarium

Das Sandarium ist quasi das liegende Bienenhotel, man könnte auch sagen die Souterrainwohnung für viele Wildbienen und Grabwespen. Allein unter den Wildbienen sind rund dreiviertel aller Arten Erdnister, die also gar kein Interesse an einem klassischen Bienenhotel haben. Auf lehmig-sandigen Flächen graben diese Tiere eine kleine Röhre in den Untergrund, um dort ihre Eier abzulegen. Oft fallen die Miniatur-Maulwurfshügel an den Rändern dieser Röhren als erstes ins Auge.

Um diesen Tieren einen Nistplatz zu bieten, gibt es mehrere Möglichkeiten. Eine ist die Schaffung offener - „gestörter“ Flächen, die temporär vegetationsfrei bleiben oder eine angerissene Grasnarbe, bei der mit der Hacke die geschlossene Narbe geöffnet wird und der blanke Erdboden liegen bleibt. Hier reicht schon eine Fläche von 40 x 40 cm.

Selbst der nach Erdarbeiten liegengebliebene Haufen lockerer Erde darf eine längere Zeit so bleiben, da einige Arten gerne auch dort hineingehen.

Nach der langen Winterpause ist das Nahrungsangebot der Frühblüher - wie dem Krokus - besonders wichtig für Arten, wie die Steinhummel, aber auch für Wild- und Honigbienen.

Ein Sandarium bietet erdnistenden Wildbienen einen Brutplatz.

Für den Bau eines Sandariums wird im Garten ein möglichst sonniger Standort ausgewählt. Dort wird auf einer Fläche von mindestens 40 x 40 cm die Grasnarbe oder jegliche andere Vegetation entfernt, auch Wurzeln sollten abgesammelt werden, damit das Sandarium nicht in kurzer Zeit zuwächst. Jetzt wird auf dieser Fläche eine Mulde von rund 50 cm Tiefe gegraben, die anschließend mit ungewaschenem, lehmhaltigem Sand aufgefüllt wird. Der Lehmanteil ist wichtig, damit die von den Bienen gebauten Röhren auch stabil stehen bleiben und nicht in sich zusammenrieseln. Der Sand sollte also den Klebetest bestehen. Dafür mit einem dünnen Rundholz oder dem kleinen Finger ein Loch in den Sand bohren, wenn dies stabil steht, dann ist die Qualität des Sands geeignet. Wenn nicht, dann muss noch Lehm unter den Sand gemischt werden.

Als Umrandung erhält das Sandarium dekorativ ausgelegt Totholz. Auf die Fläche können lückig auch ein paar Natursteine oder Brombeer- oder Rosenranken gelegt werden, um Katzen abzuhalten, die das Sandarium als Toilette entfremden könnten.

Sandarium mit Feldsteinen und Totholz

Wer mehr Platz zur Verfügung hat, kann das Sandarium auch leicht in die Höhe bauen. Dazu wird im Kreis eine Trockenmauer aus Natursteinen aufgesetzt und anschließend mit dem ungewaschenen Sand aufgefüllt.

Käferkeller

Ein Käferkeller ist der „neueste Schrei" unter den Lebensraumelementen im Naturgarten. Nicht ganz so prominent umflogen wie ein Bienenhotel, wirken die Adressaten dieses Angebots eher im Geheimen. Meist dauert es eine Weile, bis die Käfer ihre neue Kellerwohnung bezogen haben. Da hierher die erwachsenen Käfer zur Eiablage kommen, ist Geduld gefragt, denn aus den im Verborgenen abgelegten Eiern müssen erst einmal die Larven schlüpfen. Die laben sich dann am verrottenden Totholz, fressen sich satt, häuten sich mehrfach, bevor dann das fertige Insekt aus dem Boden krabbelt. Bei manchen Arten, wie dem Hirschkäfer dauert das mindestens drei bis fünf, manchmal sogar bis zu acht Jahre.

Im Prinzip imitiert der Käferkeller einen abgestorbenen alten Baum, dessen umfangreiches Wurzelwerk langsam im Boden verrottet und von Käferlarven sowie anderen Kleinlebewesen zerkleinert und abgebaut wird. Wertvoll ist auch das stehende Totholz über der Erdoberfläche, das ebenfalls von Käfern angebohrt wird und Wildbienen ein natürliches Zuhause bietet. Typische Nutzer des Käferkellers können im Garten Arten wie der grünglänzende Rosenkäfer und der Pinselkäfer sein.

Als Baumaterialien werden Hölzer unterschiedlicher Laubbäume eingesetzt. Diese dürfen sowohl frisch, als auch in verschiedenen Rottegraden eingesetzt werden – die Mischung macht es. Liegt der Garten in der Nähe eines Waldes, dann sollte auch Eichenholz eingebaut werden, um dem Appetit des Hirschkäfers gerecht zu werden.

Zunächst wird auf einer Fläche von wenigstens einem halben Quadratmeter ein Loch gegraben, das an der tiefsten Stelle mindestens 60 cm messen sollte. Beim Ausheben können unterschiedliche Tiefen modelliert werden. Als Auflageschicht wird das Loch einige Zentimeter hoch mit dünnem Astschnitt oder Holzhackschnitzeln befüllt. Jetzt werden die Hölzer aufrecht in das gegrabene Loch gestellt und nach ästhetischen Gesichtspunkten angeordnet, beispielsweise wie die Orgelpfeifen – die längeren nach hinten, die kurzen nach vorne. Das verbleibende Loch wird ausschließlich mit groben Sägespänen oder Holzhackschnitzeln (kein Rindenmulch von Nadelbäumen) aufgefüllt, so dass die Hölzer stabil senkrecht stehen bleiben. Auch alle Ritzen zwischen den Hölzern werden noch sorgfältig mit den Spänen aufgefüllt. Fertig ist der Käferkeller.

Die Hackschnitzel werden zuerst abgebaut und zerfallen zu Mulm, dadurch entsteht an der Oberfläche ein Masseverlust, der einmal pro Jahr mit einer frischen Fuhre Holzhackschnitzel ausgeglichen werden sollte.

Mit dem Bienenwolf zeigt sich ein besonders schön gefärbter Käfer im Garten. Seine Larven entwickeln sich in den Nestern von Wildbienen und Grabwespen.

Kleine (Garten-)Käferparade

Rosenkäfer

Wespenbock

Einbau von Totholz und Hackschnitzeln

Scharlachroter Feuerkäfer

Pinselkäfer

Fertiggestellter Käferkeller

Im Garten wird die Kopfweide alle zwei bis fünf Jahre zurückgeschnitten.

Kopfweide

Dass sich Regenwürmer bis zu mehreren Metern tief in den Boden eingraben ist bekannt, aber dass sie sich auf gut 2,5 m auf einer Kopfweide tummeln gibt Rätsel auf. Dort habe ich sie beim Rückschnitt unter einer Laubschicht gefunden. Keine Ahnung, wie sie die Höhe und den Stamm überwunden haben. Jetzt steht eine Tierart mehr auf der sowieso schon langen Liste potenzieller Besiedler von Kopfweiden.

Kopfweiden sind Relikte der historischen Nutzung unserer Landschaften. Meist in Gewässernähe wurden die an eine hohe Bodenfeuchte angepassten Bäume als Stecklinge verbreitet, um die Verlandung im Auenbereich zu beschleunigen. Weiden vertragen einen regelmäßigen Schnitt gut, ihre Ruten sind sehr flexibel und liefern damit einen idealen Rohstoff zum Flechten von Körben. Dickeres Holz, das beim regelmäßigen Schneiden der Köpfe anfällt, wurde als Brennholz genutzt. Der Schnitt erfolgt spätestens alle fünf bis sieben Jahre, im Garten aber durch-

An den Schnittstellen entwickelt sich der charakteristische Kopf.

aus auch in einem zweijährlichen Turnus. Durch wiederholtes Schneiden „auf den Kopf" entwickelt sich die charakteristische Verdickung, in der im weichen Holz zahlreiche Nischen und Höhlen entstehen. Ein Paradies für Käfer, Höhlenbrüter und Fledermäuse.

Ist der Gartenboden nicht allzu trocken, dann sind Weidenarten ideal zur Gestaltung geeignet. Unter den über 40 einheimischen Arten gibt es kleine Weiden, die als Sichtschutzgehölz eingesetzt werden können und Weiden wie die Salweide, die mit ihren üppigen Kätzchen Nektar und Pollen sowie mit ihren Blättern Nahrung für die Raupen von über 30 Schmetterlingsarten bietet.

Eine Kopfweide ist am besten aus einer Silberweide oder einer Korbweide zu entwickeln. Dafür wird einfach ein Weidenstück in die Erde gesteckt. Den Boden ausreichend feucht gehalten, wird sich dieses Steckholz schnell bewurzeln und die ersten grünen Knospen zeigen. Schon mit der Länge des Steckholzes kann die künftige Höhe des Baums bestimmt werden. Dieser wird zeitig aufgeastet, um eine Krone auszubilden, die dann immer wieder auf den Kopf zurückgeschnitten wird. So

sind sowohl kleine, vielleicht nur kniehohe, als auch hohe Bäume mit einer Stammlänge von zwei bis drei Metern möglich. Durch den regelmäßigen Kopfschnitt behält der Baum genau die Größe, die für ihn im Garten vorgesehen ist. Das anfallende Schnittmaterial bereichert den Garten an vielen Stellen als Flechtzaun, Totholzhecke oder Hackschnitzel.

Gartenteich

Wasser ist Leben und nicht nur in den Savannen Afrikas zieht Wasser das Leben magisch an. Schon kleine Wasserflächen im Garten öffnen daher weitere Türen für Entdeckertouren. Faszinierend, wie schnell so ein Teich nach der Anlage besiedelt wird. Ein Teich ist kein Muss im naturnahen Garten, auf alle Fälle aber eine Bereicherung, die Standorte für weitere Pflanzenarten mitbringt und sofort auch die ersten Badegäste, wie Erdkröte, Mosaikjungfer und Rückenschwimmer anlockt.

Einer der ersten auf dem Teich: Der Wasserläufer.

Gemeine Heidelibelle und Paarungsrad der Großen Pechlibelle

Frisch geschlüpfte Mosaikjungfer.
An den Wasserpflanzen bleiben die leeren Larvenhüllen (Exuvien) zurück.

Insekten am und im Teich

Die ersten am und im Wasser sind die Insekten. Aus dem Reich der Wanzen werden der Wasserläufer und der Rückenschwimmer vorstellig. Faszinierende Tiere. Es lohnt sich auch hier schon mal genau hinzuschauen, denn diese Arten werden aktiv an der Stabilisierung des kleinen Ökosystems Gartenteich mitwirken. Quasi als eine Art Aufräumtruppe.

Beim Wasserläufer gibt es Individuen mit und ohne Flügel. Die geflügelten Tiere können weite Strecken überwinden und entdecken so auf der Suche nach neuen Gewässern auch schnell den Gartenteich. Feine, kurze Härchen am Körper und an den Füßen erlauben es der Art die Oberflächenspannung des Wassers zu nutzen und somit auf der Wasseroberfläche zu laufen und das recht schnell. Sie sind in der Lage, Sprünge mit einer Länge von bis zu einem Meter zu machen. Mit ihren feinen Sinnen nehmen die Wasserläufer kleinste Erschütterungen wahr und erreichen in Windeseile tote oder lebendige Insekten, die auf das Wasser gefallen sind, um sie auszusaugen.

Die Eigenschaft des „Aussaugens" wird in Schauermärchen den Vampiren zugeschrieben. Im Reich der Insekten sind dafür die Wanzen zuständig. Dafür haben alle Arten einen langen Rüssel, den sie im Ruhezustand auf die Bauchunterseite zurückklappen können. Damit ist auch die zweite Art schnell beschrieben: Der Rückenschwimmer lebt auf der anderen Seite der Wasseroberfläche. Wie der Name verrät, mit dem Bauch nach oben und leicht an den beiden Ruderbeinen zu erkennen. Rückenschwimmer sind ebenfalls auf der Jagd nach Insekten, bedienen sich gelegentlich aber auch am Nachwuchs der Amphibien.

Als weitere Insektenarten stellen sich die Libellen ein. Groß- und Kleinlibellen. Rot, blau oder grün gefärbt. In der Luft stehend harren sie aus, bevor sie ihre Beute – die aus anderen Insekten besteht – im Flug fangen. Frühe Besiedler am Gartenteich können Arten wie die Große Pechlibelle, die Blaugrüne Mosaikjungfer oder die Heidelibelle sein.

Haben sich Männchen und Weibchen gefunden, vereinigen sie sich zu einem sogenannten Paarungsrad. Schließlich werden die Eier über der Wasseroberfläche abgeworfen oder an Substrat und Pflanzen im Wasser abgestreift. Die daraus schlüpfenden Libellenlarven bleiben dann – je nach Art – bis zu fünf Jahren im Teich, bevor sie an einem Blatt oder Stängel aus dem Wasser steigen und die schlüpfende Libelle ihre Larvenhaut abstreift.

Beinahe jeden Tag kommen neue Arten hinzu: Wasserkäfer, Eintagsfliegenlarven, Köcherfliegenlarven und viele mehr verbinden sich zu einer immer besser eingespielten Gemeinschaft aus Konkurrenz, Koexistenz und Nahrungskette. Die Insekten und ihre Larven füllen die „Speisekammern" des Teichs für Vögel und Amphibien.

Amphibien im Teich

Amphibien im Teich müssen nicht unbedingt den vorprogrammierten Nachbarschaftsstreit nach sich ziehen. Während die Grünfrösche durch ihr lauteres Gequake an lauen Sommerabenden für schlaflose Nächte sorgen können, sind die anderen Frösche, Kröten und Molche, die dem Naturgarten einen Besuch abstatten, nahezu unauffällig.

Je nach Umfeld und Vorkommen, werden sich Arten wie der Grasfrosch, die Erdkröte, der Bergmolch und der Teichmolch im Gartenteich sehen lassen. Auch diese Arten stellen sich oft schon nach dem Bau des Teichs ein. Mit etwas Glück liegt völlig unbemerkt nach einer Märznacht der erste Laichballen des Grasfroschs im Wasser oder es spannen sich lange Laichschnüre der Erdkröte zwischen den Wasserpflanzen.

Der Puls beschleunigt sich, wenn die ersten Molche im Teich angekommen sind. Insbesondere der Bergmolch mit seinem hellorange gefärbten Bauch ist ein echtes Schmuckstück. Spannend mit anzusehen, wie die Molche unter Wasser Jagd machen auf Insektenlarven oder Wasserflöhe. Auch die Kaulquappen der Frösche werden nicht verschmäht. Mit dem weniger auffällig gefärbten, bräunlichen Teichmolch kommt eine weitere Art hinzu. Amphibien verbringen die meiste Zeit des Jahres an Land. Sie kommen nur zum Ablaichen ins Wasser. Entsprechend lässt sich das volle Zeremoniell der Paarung direkt unter der Wasseroberfläche verfolgen. Beim Teichmolchmännchen ist jetzt der Kamm auf dem Rücken mächtig geschwollen. Das Männchen bringt sich in Position vor

dem Weibchen und fächelt diesem mit dem Schwanz Sexuallockstoffe entgegen. War das erfolgreich, ist das Weibchen in den nächsten Tagen damit beschäftigt über 100 Eier an Wasserpflanzen zu befestigen.

Leider haben die Amphibien in Deutschland und weltweit in den letzten zwanzig Jahren erhebliche Verluste hinnehmen müssen. Der anhaltende Flächenverbrauch, die Vernichtung von Laichgewässern, die Zerschneidung der Landschaft durch immer mehr Straßen und die Intensivierung der Landbewirtschaftung mit der Ausbringung von Pestiziden haben den Tieren erheblich zugesetzt. Quasi als „Brandbeschleuniger" verbreiten sich jetzt auch noch tödliche Krankheiten unter den Amphibien – eingeschleppt durch Amphibien aus Terrarienhaltung, die aus Asien importiert wurden. Eine dieser Krankheiten, der sogenannte „Salamanderfresser", eine Pilzerkrankung ist gerade drauf und dran, die Bestände des Feuersalamanders endgültig erlöschen zu lassen.

Aber auch früher häufige Arten wie die Erdkröte haben in den letzten Jahren regional bis zu 90 Prozent Verluste hinnehmen müssen. Es wird Zeit, dem Artenschutz eine erheblich höhere Priorität beizumessen. Letztlich hängt auch das Überleben der Art Mensch maßgeblich davon ab, dass Insekten, Amphibien und andere wild lebende Arten nicht für immer aussterben.

Mit einem Gartenteich kann eine kleine Oase für diese Tiere geschaffen werden. Grundsätzlich sollte aber immer darauf gewartet werden, dass die Amphibien selbst einreisen. Die Entnahme von Tieren aus der offenen Landschaft ist nicht nur verboten, sondern kann restliche Populationen zum Erlöschen bringen.

Fische ja oder nein?

Beim Besatz mit Fischen scheiden sich die Geister. Sicherlich ist es hübsch mit anzusehen, wenn in einem ausreichend großen Teich auffällig gefärbte und leicht zu beobachtende Fische ihre Kreise ziehen. Auch lassen sich diese Tiere leicht an Fütterungszeiten gewöhnen, was seinen

Der lautstarke Wasserfrosch erzeugt mit dem Luftdruck aus seinen zwei Schallblasen weithin hörbare Quaklaute.
Die Erdkröte ist nur für kurze Zeit zum Ablaichen im Teich.

Reiz haben mag. Für den Teich im Naturgarten fällt die Antwort auf die Frage, ob Goldfisch oder Koi eingesetzt werden sollten klar mit ‚Nein' aus. Genau genommen, sollten gar keine Fische eingesetzt werden.

Schmuckfische wie Goldfisch und Koi tragen durch ihre Lebensweise und ihren Stoffwechsel zur Trübung und Nährstoffanreicherung des Wassers bei, was sich durch das Füttern noch einmal verschärft. Mehr Nährstoffe bedeutet im Wasser gleichzeitig weniger Sauerstoff. Die Folge ist, dass diese Teiche immer eine Umwälzpumpe und einen Filter benötigen. Solche Anlagen haben im Naturteich nichts verloren.

Hinzu kommt, dass Fische grundsätzlich eine Bedrohung für Amphibien darstellen, da sie große Mengen des Laichs und der Larven wegfressen können.

Wer Beistand beim Vertilgen von Stechmückenlarven im Teich benötigt, kann notfalls auf Moderlieschen – unscheinbare, kleine und einheimische Fische zurückgreifen. Die ernähren sich überwiegend von Algen und Kleinstlebewesen, wie Mückenlarven, Wasserflöhen und Hüpferlingen. Allerdings können sie im Einzelfall auch Amphibienlaich und –larven verzehren. Wer dieses Risiko vermeiden möchte, sollte daher auch auf diese Fischart verzichten.

Pflanzen für den Teich

Pflanzen feuchter Standorte, Sumpfpflanzen, Wasserpflanzen, Pflanzen mit Schwimmblättern und Unterwasserpflanzen erhöhen die Artenvielfalt spürbar im Garten. Mit diesen Pflanzen treten immer auch die darauf angepassten Tierarten auf die Bühne.

Auch bei der Auswahl der Pflanzen für den Gartenteich gilt, dass ausschließlich einheimische Arten eingesetzt werden sollten. Nur die werden den tierischen Bewohnern gerecht. Wie schon für den Besatz mit Tieren gilt, dass grundsätzlich keine Pflanzen aus der freien Natur entnommen werden dürfen. Eine Reihe an Naturgärtnereien hat hier eine breite Auswahl zu bieten: Wasser-Schwertlilie und Blutweiderich für die

Mädesüß und Blutweiderich sowie Igelkolben
Sumpfdotterblume

Die Seekanne mit Schwimmblättern und Blüte.

Sumpfzone, Froschbiss und Seekanne mit ihren Schwimmblättern, die auf- und abtauchende Krebsschere und als Unterwasserpflanze das Ährige Tausendblatt. Auch Igelkolben und Sumpfdotterblume sollten nicht fehlen. Das zusätzliche Angebot an Blütenpflanzen, die zu unterschiedlichen Jahreszeiten ihre Blüten öffnen, bietet einen weiteren Baustein für eine ausgewogene Vollwerternährung der Blütenbesucher. Eine Vielfalt von der dann mittelbar – teils von den Samen und teils von den Insekten – auch die Vögel, Fledermäuse und Amphibien im Garten profitieren.

In größeren Sumpfbeeten kommt auch das Mädesüß zum Einsatz. Eine schöne Staudenpflanze mit cremefarbenen Blüten, die auch als Heilpflanze genutzt werden kann. Ihre Pflanzenteile enthalten wie die Weide auch Vorläufersubstanzen der Salicylsäure.

Während Schilf und Rohrkolben im Gartenteich aufgrund ihrer Ausbreitungsfreude und Beschleunigung der Verlandung nur mit Vorsicht eingesetzt werden sollten, ist der Igelkolben relativ pflegeleicht und in überschaubaren Beständen zu halten. Seinen Namen hat er von den stacheligen Fruchtständen, die aussehen wie kleine Igel. Die Blütenstände des Igelkolbens, Blutweiderichs und vom Mädesüß locken viele Insekten an, darunter auch die Schwebfliegen. Ein Plus für den ökologischen Gartenbau, denn die Larven der Schwebfliege sind wichtige Helfer dabei, die Blattläuse in den Beständen in Schach zu halten.

Eine ausreichende Bepflanzung des Gartenteichs ist das A und O für die Stabilität der Wasserqualität und der Sauerstoffversorgung. Die Pflanzen nehmen Nährstoffe aus dem Wasser auf und bauen sie in Pflanzenmasse um, die gelegentlich entnommen werden sollte. Über ihre Fotosyntheseleistung setzen sie elementaren Sauerstoff frei, entscheidend für ein vielfältiges Tierleben unter Wasser und für die sogenannten Selbstreinigungskräfte des Gartenteichs.

Einen Teich bauen

Einen Teich zu bauen und sich anschließend am Ufer auf die Lauer zu legen, um das pralle Leben zu beobachten macht unglaublich viel Spaß. Da es sich um ein künstliches Gewässer handelt, gibt es diesen Spaß nicht ganz zum Nulltarif. Auch nach Fertigstellung bedarf der Teich immer wieder kleinerer Pflegeeinsätze: Gelegentliches Entschlammen, Herausfischen von Laub, Rückschnitt und manchmal auch Entnahme zu üppigen Pflanzenwachstums gehören dazu. Sonst wird aus dem Teich ganz schnell eine Art Niedermoor und von der Wasserfläche ist dann gar nichts mehr zu sehen.

Der Teichbau beginnt mit der Planung. Er sollte sich in den Garten einpassen, kann zentrales Element in der Gartengestaltung sein oder seine Nische am Rand des Grundstücks erhalten. Der ideale Standort liegt im Halbschatten, so dass die Wasserfläche nicht ganztags der vollen Sonne ausgesetzt ist, andererseits aber auch nicht komplett im Schatten liegt. Gerade in der heißen Jahreszeit kann eine leichte Beschattung in den Nachmittagsstunden von Vorteil sein, da sich das Wasser sonst zu stark erhitzt und der Sauerstoffgehalt dabei in einen kritischen Bereich absinken kann. Dem entgegen steht eine ausreichende Besonnung der Pflanzen, für deren Fotosynthese das Sonnenlicht entscheidend ist.

Standort, Form und Größe müssen sorgfältig geplant werden.

Bereits beim Ausheben des Teichs muss das Gefälle des Grundstücks ermittelt und mit eingeplant werden, schließlich soll das Wasser gleichmäßig stehen bleiben. Mit dem Aushub werden eine erforderliche Terrassierung und ein Ausgleich des Gefälles hergestellt. Das auszuhebende Loch berücksichtigt bereits die spätere Auflagendicke der Substrate auf der wasserundurchlässigen Schicht – meist einer Teichfolie. Als Auflage eignen sich nährstoffarme Materialien wie Sande und Kiese.

Die tiefste Stelle wird 80 bis 100 cm ausgehoben, um frostsichere Zonen für Überwinterer im Teich zu schaffen. Die Zonierungen können bereits stufenartig für eine stabile Ablage der Decksubstrate vorbereitet werden. Insbesondere die Flachwasserzonen dürfen für eine Besiedlung mit Amphibien aber auch für eine Vielfalt an Sumpfpflanzen möglichst groß ausfallen. Die eingebaute Folie wird vollständig mit Substraten oder mit Natursteinen bedeckt. Das schützt sie vor der UV-Strahlung, die die Folie mit der Zeit porös und damit wasserundurchlässig macht.

Die Randgestaltung muss mit einer Saugsperre ausgerüstet sein, um Wasserverluste durch die umgebende Vegetation zu vermeiden. Dazu

Die meisten Teiche werden mit einer Folie oder einer speziellen Wanne gebaut.

wird die Folie am Rand wie ein liegendes ‚S' eingebaut, also erst über einen Wall geführt und dann landeinwärts rinnenartig in eine Vertiefung gelegt. Das Ende der Folie zeigt zum Schluss an der Geländeoberkante nach oben und wird unter Natursteinen versteckt.

Die Teichränder bekommen zum Abschluss ein möglichst natürliches Erscheinungsbild, mit kleinen und größeren Strukturen, Nischen, Unterschlupfen, kleinen Natursteinhaufen, Totholz und Reisighaufen. Von dort aus werden die Übergänge in die Blumenwiese und die Staudenpflanzungen angelegt. Grundsätzlich gilt: Der Teich muss möglichst viele Verbindungen zu den restlichen Strukturen des Gartens, etwa der Hecke haben und sollte nicht inmitten einer intensiv gepflegten Rasenfläche liegen.

Der Einbau einer Teichfolie ist der einfachste und meistens günstigste Weg zur eigenen Wasserfläche. Der natürlichste Weg hingegen ist der Einbau von Ton als Abdichtung. Allerdings ist das mit erheblicher Mehrarbeit und höheren Kosten verbunden. Meist ist beim Einbau des Tons Unterstützung durch Fachfirmen notwendig.

Neben Folie und Ton werden im Fachhandel unterschiedlich große fertige Teichwannen aus Kunststoff angeboten. Allerdings haben diese Wannen recht steile Wände und es fehlt ihnen die ausgeprägte, große Sumpfzone, in der im Naturgarten am meisten Leben zu erwarten ist. Der Einbau größerer Natursteine kann das etwas abmildern und sichert ein Herausklettern von Kleintieren, die in den Teich gerutscht sind.

Darüber hinaus sind der Fantasie keine Grenzen gesetzt. Zu der größeren Teichfläche – oder an deren Stelle – bieten auch schon kleinste Wasserflächen Lebensraum und Trinkwasser für weitere Gartenbewohner. Alle möglichen, wasserdichten Behälter, wie Speiskübel oder alte Badewannen können eingegraben und mit Wasser befüllt werden. Insbesondere hier muss wegen der steilen Wände größte Sorgfalt auf die Ufergestaltung gelegt werden. Es bietet sich an, die Wassertiefe durch Auffüllen mit grobem Kies oder größeren Natursteinen zu reduzieren. An den Ufern müssen treppenartige Ausstiege eingebaut werden. Auch diese kleinen „Oasen" werden mit einheimischen Wasserpflanzen bestückt und entwickeln im Halbschatten ihren eigenen kleinen Kosmos.

Nisthilfen für Vögel und Fledermäuse

Natürliche Strukturen sind immer künstlichen vorzuziehen. Das gilt auch bei der Bereitstellung geeigneten Wohnraums für die vielen potenziellen Bewohner des Naturgartens. Bei bestimmten Arten werden aber auch schnell die Grenzen erreicht, an denen noch natürliche Nistplätze angeboten werden können. Während sich viele Insekten mit Totholz oder Sand- und offenen Erdflächen begnügen und Heckenbrüter gut mit einer Naturhecke bedient werden können, gehen die meisten höhlen- oder nischenbewohnenden Arten leer aus. Nur wenige Gärten verfügen über einen Bestand an alten Laubbäumen, bei denen Wind und Wetter sowie vor allem der Specht vorgearbeitet haben. Zwar sind Bunt- und Grünspecht als Nahrungsgast im Garten zu sehen, selten jedoch werden sie dort einen alten hochstämmigen Obstbaum, eine alte Buche oder Eiche vorfinden. Da unter den typischen Gartenvögeln jedoch viele Höhlen- und Nischenbrüter sind, muss die Spechthöhle einfach nachgebaut werden. Das erkannte auch der „Erfinder" des modernen Nistkastens, Hans von Berlepsch Ende des 19. Jahrhunderts. Er experimentierte mit ausgehöhlten Baumstämmen und konnte beobachten, dass das Angebot an Nistmöglichkeiten für die meisten Höhlenbrüter der begrenzende Faktor ist. Wenn es also gelingt, mehr Wohnraum zu schaffen, dann lassen sich mehr Vogelindividuen zählen. Das hat dann auch einen ganz praktischen, gartenbaulichen oder forstwirtschaftlichen Nutzen. Berlepsch hängte einige tausend Nistkästen in seinem Park und dem angrenzenden Waldbesitz auf. Die Folge: Während bei Insekteninvasionen angrenzende Flächen massiv geschädigt wurden, blieben seine Bäume weitgehend verschont. In seinem ornithologischen Lebenslauf schreibt Hans von Berlepsch dann auch: „Man wird hoffentlich nun allgemein zur Einsicht kommen, dass wir in einem naturgemäßen Vogelschutz überhaupt die einzig wirklich erfolgreiche Schädlingsbekämpfung besitzen." Dem ist wenig hinzuzufügen. Auch wenn das Hauptaugenmerk im Naturgarten nicht auf die „Schädlingsbekämpfung", sondern vielmehr auf die Naturbeobachtung gerichtet ist.

NABU

An der Größe und dem Nahrungsangebot im Garten orientiert sich die Auswahl und Anzahl der Nistkästen. Mit Sicherheit besetzt werden immer die typischen „Meisenkästen“, Nisthöhlen mit einem runden Einflugloch. Gängig sind hier zwei verschiedene Größen von Lochöffnungen, die darüber bestimmen, wer da mal einziehen darf. Die Standardgröße ist ein Einflugloch mit 32 mm Durchmesser. Hier haben alle gartenbewohnenden Meisenarten sowie der Haus- und Feldsperling ausreichend Platz hindurch zu schlüpfen. Ergänzend gibt es noch Kästen mit einem Einflugloch von 28 mm Durchmesser. Da wird es für die kräftigere Kohlmeise zu eng, nur noch die Blaumeise findet hier Einlass. Eine gute Möglichkeit, um diese oft unterlegene Art ganz speziell zu fördern.

Vom Prinzip derselbe Kasten nur mit etwas mehr Volumen und größerem Einflugloch ist für den Star geeignet.

Einige Vögel haben sich auf die Besiedlung von Nischen, wie sie natürlicherweise an Felsvorsprüngen oder in der Siedlung unter überstehenden Dächern auf den Dachbalken vorkommen, spezialisiert. Hier können Halbhöhlen angeboten werden, die einen deutlich größeren Eingang bieten und somit auch mehr Licht bis in den Brutraum lassen. Diese Kästen werden vorwiegend von Hausrotschwänzen und Rotkehlchen besiedelt.

Weitere Bauarten von Nistkästen sind speziell auf die Brutgewohnheiten von Schwalben, Mauerseglern, Baumläufern oder Greifvögeln und Eulen zugeschnitten. Eine gute Beschreibung dieser Nisthilfen inklusive Bauanleitung bietet der NABU kostenlos auf seiner Internetseite an.

Der Wohnungsbau kann noch um Kästen für Fledermäuse erweitert werden. In Siedlungen sind überwiegend die Zwerg- und die Breitflügelfledermaus unterwegs. Aber auch Wasserfledermaus und Großes Mausohr können hier ihre Quartiere haben.

Der Spaltenkasten ist der Klassiker unter den Fledermauskästen und leicht aus sägerauen Brettern selbst zu bauen. Es gibt aber auch fertige Kästen aus Holzbeton zu kaufen und Quartiere, die bereits beim Hausbau in die Fassade oder unter der Traufe eingebaut werden können. Der Spaltenkasten muss in sicherer Höhe möglichst an einer frei anfliegba-

Übersicht der verschiedenen Nisthilfen: Fledermauskasten, Höhlenkasten und Halbhöhle.

Vogelnachwuchs im Garten:
Jungvögel von Stieglitz und Hausrotschwanz.

Die Kohlmeise zieht im gut geschützten Nistkasten ihre Jungen groß. Der Hausrotschwanz hat seine Eier in einem Blumentopf abgelegt, jetzt werden die hungrigen Hälse gestreckt.

Vogelnistkästen: Halbhöhle, Höhlen mit kleinem und großem Einflugloch.

ren Fassade aufgehängt werden. Die Himmelsrichtung spielt nur eine untergeordnete Rolle, der Kasten muss aber auf alle Fälle so aufgehängt werden, dass er nicht der prallen Sonne ausgesetzt und eventuell durch ein überstehendes Dach geschützt ist. Nach dem Aufhängen der Fledermauskästen braucht man oft etwas mehr Geduld, bis diese besetzt sind.

Mit ein paar „fledermausfreundlichen“ Pflanzen, beispielsweise der Nachtkerze, kann das Nahrungsangebot mittelbar aufgebessert werden. Diese Pflanze öffnet erst am Abend ihre gelben Blüten und verströmt einen Duft der Nachtfalter zur Bestäubung lockt. Die Nachtfalter sind dann willkommene Leckerbissen für die Fledermäuse.

Ein Warnhinweis gilt für alle Nistkästen: Er sollte im Auge behalten werden und grundsätzlich so aufgehängt werden, dass weder Katzen noch Waschbären ihn erreichen können. Wenn Buntspechte Höhlenkästen entdecken, kann es sein, dass sie zu Bruträubern werden und die kleinen Einfluglöcher erheblich vergrößern, um an die Eier und Jungvögel zu gelangen. Ein Blech rund um das Einflugloch macht es den Spechten zumindest schwerer.

Blumentöpfe mit Holzwolle dienen Ohrwürmern als Quartier.

Nisthilfen für weitere Bewohner

Um weitere Tiere besser beobachten zu können oder, um auf ihre Dienste im Nutzgarten zurückzugreifen, lassen sich mit einfachen Mitteln Quartiere für den Ohrwurm, die Florfliege oder für einige Hummelarten selbst bauen.

Blumentöpfe für Ohrwürmer

Korrekt heißt er Ohrwurm, wird aber auch Ohrenkneifer oder Ohrenkriecher genannt. Dabei hat er überhaupt kein Interesse an Ohren. Schon gar nicht an denen des Menschen. Vom Dauerhunger getrieben, ist diese Insektenart vorwiegend nachts auf der Suche nach Blattläusen unterwegs. Seine Eier legt er in Bodenhöhlen, die er im Naturgarten an offenen Bodenstellen sowie im Totholz und im Laubhaufen findet.

Frisst jede Menge Blattläuse: Die Florfliege.

Ein Ohrwurm-Quartier ist leicht aus einem Ton-Blumentopf selbst anzufertigen. Durch das Loch am Boden wird ein stabiler Sisalstrick geführt und im Innern des Topfes mit einem kurzen Stöckchen fixiert. Dann wird das Innere mit Holzwolle ausgestopft und die Öffnung mit einem Stück „Hasendraht“ gegen das Herausfallen der Holzwolle und als Abwehr gegen hungrige Vögel abgedeckt. Das neue Quartier wird in Bäume oder Sträucher gehängt und muss mit der Öffnung nach unten direkten Kontakt zum Stamm haben. Ein sehr effizienter Weg der biologischen Bekämpfung von Blattläusen.

Spezialkasten für Florfliegen

Wegen der metallisch-bronzefarben glänzenden Facettenaugen einiger Arten tragen die Florfliegen auch den Beinamen ‚Goldaugen‘. Überhaupt sind die Augen an dem schmalen Kopf sehr auffällig. Beim Blick auf die langen, durchsichtigen Flügel ist ihre Zuordnung zu den Netzflüglern eindeutig zu erkennen. Sowohl die erwachsenen Tiere, als auch die als „Blattlauflöwen“ bezeichneten Larven vertilgen große Mengen an Milben und Blattläusen.

Die Gemeine Florfliege überwintert als erwachsenes Tier und benötigt nektarreiche, spätblühende Pflanzen ebenso wie Laubstreu. Mit speziellen Kästen kann der Florfliege das Überwintern erleichtert werden. In diesen Kästen können die Tiere auch gezielt zur Einsatzstelle bei den Obstbäumen, Beerensträuchern oder am Gemüsebeet transportiert werden. Die Florfliegen bevorzugen rötliche Farbtöne, weshalb die Kästen in dieser Farbe angestrichen werden. Wegen der vielen Lamellen ist der Kasten etwas schwieriger selbst zu bauen als Vogelnistkästen. Es gibt aber auch fertige im Fachhandel.

Hummelkasten

Hummeln gelten als echte „Workaholics“. Sie sind im Frühling die ersten Bestäuber, die unterwegs sind und sie absolvieren einen 18-Stunden-Tag. Während andere Insekten noch starr vor Kälte sind, fliegen sie schon bei 2-6 °C durch den Garten. Manchmal besuchen sie sogar Blüten, die noch weiß vom Raureif sind. An so einem langen Tag kann eine Hummel allein bis zu 1000 Blüten besuchen. Die Bestäubungsleistung gilt als herausragend. Die Erdhummeln sind besonders dicke Brummer und im Frühling als erste am Start. Außerdem sind im Naturgarten auch die Gartenhummel, die Ackerhummel und die Steinhummel zu sehen.

Die Hummeln sind staatenbildende Insekten die den Stechwespen zugeordnet werden. Im Gegensatz zur Honigbiene stirbt der Staat mit allen seinen Mitgliedern vor dem Winter ab. Übrig bleibt nur die befruchtete junge Königin, die im Spätsommer ausfliegt und ein frostsicheres Winterquartier sucht. Schon zeitig im nächsten Frühjahr erwacht die Hummelkönigin aus ihrer Winterstarre. Jetzt braucht sie erst einmal mächtig viel Energie für ihre große Körper- und Muskelmasse. Gut, wenn jetzt reichlich frühe Blütenpflanzen vorhanden sind. Damit gestärkt wird ein geeigneter Unterschlupf für das Nest gesucht, in dem dann der Grundstein für das neue Volk gelegt wird. Mit zunehmendem Volk, das ausschließlich aus Arbeiterinnen besteht, konzentriert sich die Königin überwiegend auf die Eiablage.

Wer Hummeln fördern und besser beobachten oder sie gezielt zur Bestäubung einsetzen möchte, kann ein Hummelhaus aufstellen. Dieses besteht im Prinzip aus einem Holzkasten mit spezieller Einflugöffnung und wird im Innenraum mit Karton, Sägemehl und Kapok (einer pflanzlichen Polsterwolle) eingerichtet. Dabei wird möglichst gut ein Mäusenest imitiert, da Hummeln normalerweise Nachmieter in verlassenen Mäusenestern sind. Eine gute Bauanleitung dafür gibt es auf der Internetseite des NABU Südbaden.

Winterfütterung oder Ganzjahresfütterung?

Vögel und andere Bewohner im Garten füttern oder nicht füttern, das ist eine häufig gestellte Frage, zu der es teils widersprüchliche Antworten gibt. Während sich die einen für eine Ganzjahresfütterung stark machen, empfehlen andere eine moderate Fütterung nur während der Frostperioden oder bei geschlossener Schneedecke. Auch gibt es Stimmen, die eine Fütterung generell ablehnen.

Eins ist klar: Wer seinen Garten naturnah gestaltet, hat sich bereits für eine Ganzjahresfütterung entschieden und das ganz ohne Futterhäuschen. Denn unter den Laubabdeckungen unter den Sträuchern tobt auch bei eisigen Temperaturen noch das Leben, hier können Vögel Energie und Eiweiß in Form von kleinen Insekten und Regenwürmern auftanken. Ein Stockwerk höher halten die einheimischen Sträucher, wie Weißdorn, Hartriegel oder Liguster auch im Winter noch Beeren für den kleinen und großen Hunger parat. In den vielen Kleinstrukturen, wie Steinhaufen, Totholzhaufen und bei den Winterstehern (den Stauden, die über Winter stehen bleiben dürfen) ist ein breites Nahrungsangebot vorhanden. Ein arten- und strukturreicher Garten bietet das ganze Jahr über einen gedeckten Tisch für Vögel, Eichhörnchen, Igel und Co.

Grünfink am Futtersilo
Blau- und Kohlmeise an einer Futtersäule für Nüsse

Eine Fütterung kann also nur als Zusatzangebot begriffen werden, auch, um Defizite der umliegenden Gärten oder der freien Landschaft auszugleichen. Denn Fakt ist, dass die Insektenmasse in den letzten Jahrzehnten enorm zurückgegangen ist und damit auch die Nahrungsvorräte der insektenfressenden Arten. Der Insektenmangel und die Ausräumung von Gärten und Landschaften, mit dem Fehlen von Wildsaaten als Nahrungsreserven, führt auch der renommierte Ornithologe Peter Berthold als Argument für eine Ganzjahresfütterung an. Ein weiteres Argument für eine moderate Fütterung ist die Chance, mehr Arten aus nächster Nähe beobachten zu können. Also ein naturpädagogisches Angebot für die ganze Familie im eigenen Garten.

Wer sich für die Fütterung entscheidet sollte ein paar Grundregeln beachten, um den Tieren nicht mehr zu schaden als zu nutzen:

1. Auf die richtige Futterstation kommt es an: Diese sollte so gebaut sein, dass die Tiere nicht mit dem Futter in Berührung kommen. Über den Kot werden Krankheiten übertragen. Solche Krankheiten haben in den letzten Jahren insbesondere die Grünfinken, Amseln und Blaumeisen betroffen. Daher sollten die alten Häuschen, bei denen das Futter auf einem offenen Tisch unter Dach präsentiert wird ins Museum. Dafür kommen Futtersilos und Futtersäulen zum Einsatz, bei denen die Vögel nur mit dem Schnabel ans Futter gelangen und ansonsten keinen Kontakt damit haben. Auch Fettblock-, Meisenknödel- und Futterglashalter müssen entsprechend konstruiert sein. Futter sollte grundsätzlich in Futterstationen gereicht und niemals lose auf den Boden gestreut werden. Das führt nicht nur zur Übertragung von Krankheiten, sondern lockt auch unerwünschte Besucher wie Ratte und Waschbär an.
2. Hygieneregeln beachten: Die Futterstationen sollten regelmäßig – bei starkem Betrieb alle ein bis zwei Tage – gereinigt werden. Ein Abwaschen mit heißem Wasser ist ideal, auf Desinfektionsmittel sollte verzichtet werden.

Blaumeise an einer mit Fett gefüllten halben Kokosnuss.
Nicht nur für Meisen: Auch der Haussperling frisst an den Meisenknödeln.

3. Maß halten: Nicht zu viel Futter auf einmal rausgeben. Das Futter kann – je nach Wetterlage – auch feucht werden und anfangen zu schimmeln. Auch können sich größere Futtermengen unter den Stationen ansammeln. Also möglichst immer nur die Ration rausgeben, die in ein bis zwei Tagen aufgefressen wird.
4. Das richtige Futter: Essensreste, abgelaufene Lebensmittel, Brot – all das darf auf gar keinen Fall an den Futterstellen landen. Es gefährdet die Wildtiere mehr als dass es hilft. Brot quillt in den kleinen Vogelmägen auf und kann zu deren Tod führen. Daher nur naturbelassene Saaten, wie Sonnenblumenkerne einsetzen. Auch Erd- und Haselnüsse können über spezielle Futterstationen gereicht werden. Dazu weitere Energielieferanten wie Meisenknödel oder Fettblöcke. Entsprechende Empfehlungen im Detail gibt es bei den anerkannten Naturschutzverbänden, wie dem NABU. Dort ist im Shop auch das entsprechende Futter zu finden.

Kleiber an einer selbstgefertigten Futterstelle, bestehend aus einem Ton-Blumentopf gefüllt mit Fett und Sämereien.

Kreisläufe schließen

Laub, Ast- und Grasschnitt, abgestorbene Pflanzen und vieles mehr fallen im Garten scheinbar als Abfall an und werden meist weggeschmissen, abtransportiert und müssen in technischen Anlagen aufbereitet werden. Dem Wasser ereilt ein ähnliches Schicksal, es wird abgeleitet, kanalisiert und in Kläranlagen und Flüsse eingeleitet.

Idealisiert spricht die ökologische Forschung in der belebten und unbelebten Natur von Kreisläufen. Den Stoffflüssen in den Ökosystemen, dem Wasserkreislauf und dem Kreislauf von Gasen wie Sauerstoff und Kohlendioxid.

Vereinfacht erklärt nehmen die Kreisläufe der belebten Welt ihren Ursprung bei den Pflanzen. Als Produzenten bezeichnet sind sie für den Großteil der Grundlagen der Nahrungsketten verantwortlich. Über ihre Wurzeln nehmen sie Wasser und Mineralstoffe auf, um diese durch Verdunstung bis in den letzten Winkel ihrer grünen Blätter zu transportieren. Das Chlorophyll in den Blättern ist DIE Erfindung der letzten Jahrmilliarden des Lebens auf der Erde. Wahre Wunderwerke, besser als alle technischen Solaranlagen vermögen sie aus abiotischen Elementen den Treibstoff allen Lebens zu produzieren. Aus Wasser, Kohlendioxid und der Energie der Sonne wird Zucker synthetisiert. Genau darauf sind (fast) alle anderen Lebensformen scharf. Konsumenten wie Raupen oder Rehe verspeisen die energiereiche Biomasse der Pflanzen. Diese wiederum werden Beute von Konsumenten zweiter Ordnung, der Blaumeise oder dem Wolf. Eine ganze Kaskade von vier bis fünf Räuber-Beute-Beziehungen kann sich darauf aufbauen. Eins ist für alle Lebewesen, ob Tier oder Pflanze sicher: Der Tod. Der Tod ist aber noch nicht das Ende. Jetzt schlägt die Stunde der Reduzenten oder Destruenten: Regenwürmer, Springschwänze, Mikroorganismen, Pilze sind am Abbau toter Tiere und Pflanzen beteiligt. Sie sorgen für die Mineralisierung der organischen Masse und stellen so im Boden wieder Grundstoffe wie Kalium, Magnesium oder Phosphor für das Pflanzenwachstum bereit. Der Kreislauf schließt sich.

Zerkleinert und gut gemischt wird aus den Gartenabfällen bester Humus.

Kompost im Garten

Der klassische Ort für den Schluss der Kreisläufe ist meist in einer Ecke des Gartens versteckt: Der Komposthaufen. Ob Latten- oder Mietenkompost, das Prinzip ist dasselbe, verschiedene Pflanzenteile aus dem Garten werden möglichst zerkleinert und in guter Mischung aus fein und grob aufgeschichtet. Gelegentlich dürfen etwas Asche und Kohlestückchen aus der Verbrennung unbehandelten Holzes dazu gegeben werden, um Mineralstoffe nachzuführen. Die Kohle selbst bringt keine Nährstoffe mit, speichert aber aufgrund ihrer hohen inneren Oberfläche jede Menge Wasser und Nährstoffe und kann von Mikroorganismen besiedelt werden, die für eine optimale Rotte des Materials sorgen. Auch die eine oder andere Schippe mineralischer Erde – eventuell vom abgetragenen Maulwurfshügel – optimiert das Ergebnis.

Nach einem Jahr schon rieseln die umgesetzten Pflanzenteile als feiner, dunkelbrauner Humus mit einem angenehmen Waldgeruch aus dem

Das Laub von Bäumen und Sträuchern sollte im Garten bleiben.

Komposthaufen heraus. Der Kompost kann entnommen und in Bereichen des Gartens eingebracht werden, die gut mit Nährstoffen versorgt sein sollen. Dazu zählen die Beerensträucher und das Gemüsebeet. Artenreiche, naturnahe Flächen, wie die Blumenwiese, sollten keinen Kompost abbekommen.

Auch der Komposthaufen ist ein Lebensraumelement im Garten. Verschiedene Arten von Regenwürmern tun hier Dienst und die dicken, weißen Larven des Rosenkäfers arbeiten sich durch holziges Material. Gerne schauen Rotkehlchen, Zaunkönig und Amsel auf Nahrungssuche mal vorbei.

Laub im Herbst

„Ist das Humus oder kann das weg?" – Vor der Frage stehen wir in jedem Herbst von neuem. In Mitteleuropa liegen wir im Gebiet der „Sommergrünen Wälder der gemäßigten Zone". Die bestehen zum überwiegenden Teil aus Laubgehölzarten, deren Strategie es ist, im Winter als Frostschutz und zum Energiesparen das Laub abzuwerfen. Während in den Wäldern und entlang von Feldhecken nie jemand auf die Idee käme, das Laub wegzuschaffen, gelten in Gärten andere Regeln. In allen Gärten? Nein. Im Naturgarten darf das Laub bleiben. Hier wachsen ausschließlich einheimische Laubbäume und laubtragende Sträucher aus der Region. Das Laub ist von unschätzbarem Wert. Ganze Lebensgemeinschaften haben sich auf dessen Verwertung eingestellt, sorgen für eine grobe Zerkleinerung oder bauen die Blätter bis in ihre chemischen Moleküle zurück.

Das Laub kann also nicht weg! Dort wo es stört, etwa auf den Wiesenflächen, kann es leise und bequem mit dem Laubrechen zusammengetragen werden. Anschließend werden die Laubhaufen dann in einer Schicht von 30 bis 40 cm unter den Sträuchern oder auf den abgeernteten Gemüsebeeten aufgebracht. Gemischt mit Astschnitt können auch größere Laubhaufen liegen bleiben. Die sind dann ideale Winterquartiere für den Igel und andere Kleintiere. Laub hat eine gute Isolationswirkung. Davon profitieren die Sträucher im Winter, wenn ihre Wurzeln reichlich mit Laub bedeckt sind. Auch die Regenwürmer, Springschwänze und andere Lebewesen im Boden profitieren. Die sind sogar im Winter bei Minusgraden dort noch bei ihrer Arbeit zu beobachten. Wer die Laubschicht einfach mal vorsichtig anhebt, wird staunen, was sich da alles bewegt.

Schon im zeitigen Frühjahr ist aus der dicken Laubschicht eine nur noch ganz dünne Abdeckung geworden, ein Zeichen für die biologische Aktivität im Boden, die aus dem Laub wertvollen Humus gemacht hat.

Astschnitt für den Burgenbau

In den Wintermonaten, wenn die Bäume und Sräucher kahl stehen, wird das eine oder andere Gehölz auch mal zurückgeschnitten. Die Obstbäume bekommen ihren Erhaltungsschnitt, Kopfweiden werden auf ihren

Holz ist ein wertvoller Baustein, der im Garten bleiben muss. Hier haben verschiedene Insekten bereits deutlich ihre Spuren hinterlassen. Aus dem Astschnitt werden Totholz und Hackschnitzel für den Garten.

Kopf zurückgeschnitten und ein kleiner Heckenabschnitt wird auf den Stock gesetzt, um wieder dicht austreiben zu können. In Ausnahmefällen müssen einzelne Bäume und Sträucher auch schon im Sommer ein Stückchen eingekürzt werden, weil es die „Verkehrssicherungspflicht" verlangt – das sollte grundsätzlich nur in dem wirklich erforderlichen Rahmen bleiben und mit einem Blick auf mögliche Vogelbruten geschehen.

Hier kann dann eine ordentliche Menge an Astschnitt anfallen. In den meisten Gärten wird der dann gebündelt und der Grünschnittabfuhr mitgegeben oder zur nächsten Kompostierungsanlage gefahren. Schade drum, denn da wird unnötig Energie verschenkt. Astschnitt ist ein sehr wertvoller Rohstoff für den Naturgarten und sollte bleiben dürfen. Ausnahmen sind lediglich Nutzsträucher, die wegen Krankheiten zurückgeschnitten wurden oder gerodete Koniferen.

Mit dem Astschnitt lässt sich viel Gutes im Garten anstellen. Zu Reisighaufen zusammengepackt entsteht eine kleine Burg, die schon in kurzer Zeit Unterschlupf für Igel, Eidechsen, Kröten und Käfer bietet. Als Abgrenzung von Beeten oder auch als Sichtschutz lässt sich der Astschnitt zwischen zwei Pfahlreihen als Totholzhecke einbauen. Dabei ist es erstaunlich, wie viel Astschnitt sich dort auf engem Raum unterbringen lässt. Auch unter den Sträuchern können kleine Wälle aus Astschnitt als Kleinstrukturen und Rückzugsort untergebracht werden. Wenn dann alle Potenziale für Reisighaufen und Totholzhecken ausgeschöpft sind, wandert der restliche Astschnitt in den Gartenhäcksler und liefert damit einen schönen und natürlichen Bodenbelag. Dickere Stücke dürfen auch zum Trocknen ins Brennholzregal geschichtet werden und später dann für Wärme im Kamin sorgen.

Grasschnitt

Kaum einem anderen Element des Gartens wird so viel Aufmerksamkeit geschenkt wie dem Rasen. Emotional wird es, wenn es um die Unversehrtheit der Grasnarbe und das Exklusivitätsrecht einiger weniger

Hackschnitzel aus dem Astschnitt sind ein guter Bodenbelag, der gleichzeitig viel Wasser speichert und zur Humusbildung beiträgt. Ein Teil des Holzes wird dauerhaft als Totholz aufgeschichtet.

Grasarten geht. Auch das Moos ist erklärter Gegner bei der Pflege des Grüns. Das Ergebnis ist, dass extrem artenarme große Flächen der Natur vorenthalten werden, indem sie in einen unnatürlichen Kreislauf aus Düngung, „Unkrautbeseitigung", Wässern und Mähen gezwungen werden. Insbesondere Düngung und die in vielen Kommunen mittlerweile eingeschränkte Wässerung befördern das Wachstum, so dass in der Vegetationsperiode oft wöchentlich der Mäher knattert.

Dabei fallen Unmengen an Grasschnitt an, die nicht selten über die Biotonne oder – per Auto dorthin befördert – der nächsten Kompostierungsanlage überlassen werden. In der Summe eine riesige Verschwendung von Energie und Zeit, gleichzeitig auch noch eine Belastung für Boden und Grundwasser durch ausgewaschenen Stickstoffdünger.

Der ‚naturnahe Weg' ist der Verzicht auf Pestizide und Dünger und der Verzicht auf häufiges Mähen. Oft reicht es aus, nur Wege durch die Wiese zu mähen und dann im Sommer und Spätsommer einmal alles abzumähen. So fällt deutlich weniger Grasschnitt an und der kann in dünnen Lagen in den Komposthaufen sowie als Mulchschicht unter die Sträucher gegeben werden. Gemulcht ist der Grasschnitt dann ein idealer Bodenschutz an den heißen und trockenen Sommertagen. Der Oberboden bleibt feucht und die Sträucher danken es mit Vitalität und geringerem Durst auf Gießwasser.

Wasserkreislauf

In unseren Siedlungen setzen wir auf einen Beschleunigungsstrudel, der uns immer mehr auf die Füße fällt: Wasser – der Quell allen Lebens – wird auf dem schnellsten Weg über die Kanalisation von den Dächern, vom Grundstück, von den Straßen und Gehwegen abgeleitet. In natürlichen Landschaften braucht ein Wassertropfen aus einer Regenwolke bis zu 1.000 Jahre, bis er den nächsten Ozean erreicht. Zwischenzeitlich dreht er mehrere Runden durch Pflanzen, Tiere, Pilze, den Boden und

Alle Möglichkeiten, das Regenwasser im Garten zurückzuhalten sollten ausgeschöpft werden.

Umleitung des Regenwassers in den Garten und Speicherung im Boden sowie in kleinen Stillgewässern.

das Grundwasser. Er wird immer wieder aufgenommen, verdunstet, regnet erneut ab, versickert, um dann wieder per Wurzeldruck und Transpirationssog an die Oberfläche transportiert zu werden.

Versiegelung und Kanalisierung haben dazu geführt, dass dieser Tropfen oft nur wenige Stunden für seine Reise an die Mündung der Flüsse in den Ozean benötigt. Die Folgen sind Dürren in Trockenzeiten und Überschwemmungen bei zunehmenden Starkregenereignissen. Viele Hochwasserschäden auf Siedlungsflächen sind die Folgen des viel zu schnellen Abflusses.

Auch im Garten fehlt zunehmend das Wasser. Da immer mehr Kommunen den Wassernotstand erklären und damit die Verwendung von Trinkwasser im Garten einschränken, bleibt nichts anderes, als den Pflanzen beim Welken zuzuschauen. Ein Szenario, das mit wenigen Schritten abgemildert werden kann.

Dazu muss es gelingen, den Garten zu einer Art Schwamm auszubilden, der in Zeiten des Niederschlags ausreichend davon zurückhält und durch Transpiration und Bereitstellung pflanzenverfügbaren Wassers ein sattes Grün sowie ein angenehmes Klima schafft.

Entsiegeln und versickern sind die technischen Schritte dahin. Ein klimaangepasster, naturnaher Garten arbeitet mit den natürlichen Potenzialen.

Wenn es die Gesamtfläche des Grundstücks und die Versickerungsfähigkeit des vorhandenen Bodens hergeben, dann ist ein erster Schritt die Entsiegelung von Flächen. Durch Beton, Asphalt oder dichte Pflaster und Platten versiegelte Oberflächen werden darauf überprüft, ob sie in dieser Größe gebraucht werden oder ob einzelne Bereiche bereits komplett zurückgebaut werden können. Im Zuge anstehender Sanierungen werden dann die undurchlässigen Oberflächen durch wasserdurchlässige ersetzt, dabei haben Begrünungen immer die erste Priorität. Wo eine Entsiegelung nicht oder noch nicht vorgenommen werden kann, wird eine Umleitung des auf der Oberfläche abfließenden Wassers zur nächstgelegenen Beetfläche oder in eine Versickerungsrigole vorgenommen. Das Wasser von den Dachflächen kann in Zisternen oder Regentonnen gespeichert werden und steht damit als Brauchwasser im Haus oder zur Gartenwässerung zur Verfügung. Die Dachentwässerung endet in einer Senke im Rasen oder im Gartenteich und bleibt so dem kleinen Garten-Wasserkreislauf erhalten.

Eine Dachbegrünung speichert bis zu 50 Prozent der Niederschläge im Substrat und in den Pflanzen. Dieses Wasser verdunstet wieder und wirkt somit wie eine natürliche Klimaanlage für die zunehmend unter Hitzestress geratenden Hausbewohner.

Eine geschlossene Vegetation, eine möglichst dicke Humusschicht, Holz und Holzkohle im Boden, eine Abdeckung mit Mulch aus Laub und Grasschnitt sowie Totholz im Garten garantieren eine natürliche Steigerung der Wasserspeicherung im Garten.

Obst und Gemüse aus dem Naturgarten

Auf die nächste Stufe wird der Naturgarten gehoben, wenn auch der Anbau von Obst, Gemüse und Kräutern dazu kommt, die Nutzpflanzen ihre Nischen zwischen den Lebensraumelementen einnehmen und von den Wechselbeziehungen in dem kleinen Ökosystem profitieren.

Förderung der sogenannten „Nützlinge", Erhöhung des Humusgehalts und damit der Bodenfruchtbarkeit, Terra Preta, Anbausysteme wie Mischkulturen, Quadratgärtnerei und die Permakultur sind spannende Themen, die in der Fortsetzung dieses Buchs sowie in weiteren Vorträgen behandelt werden.

Literatur und Links

- Altmoos, Michael: Mehr Wildnis wagen!, Pala-Verlag, 2023
- Aufderheide, Ulrike: Kleiner Garten naturnah, Pala-Verlag, 2021
- Benjes, Hermann: Die Vernetzung von Lebensräumen mit Benjeshecken, Natur & Umwelt Verlag, 1998
- Gartenlust – für mehr Natur im Garten (52 Seiten für 2 €), erhältlich beim NABU
- Kern, Simone: Der antiautoritäre Garten – Gärten, die sich selbst gestalten, Kosmos-Verlag, 2019
- NABU-Naturgartentipps – Links zu Bezugsquellen von Bienensteinen bis Saatgut: www.wetterau-nabu.de/naturgartentipps
- NABU-naturgucker.de: Praxisbuch Naturgucken – Informationen, Tipps und Tricks für Naturbegeisterte, Haupt Verlag, 2022
- Natur & Garten – Das Naturgarten-Fachmagazin des NaturGarten e.V., jeweils mit einem Schwerpunktthema zu einem Aspekt des naturnahen Gärtnerns und vielen praktischen Anleitungen. Siehe: www.naturgarten.org
- Scheub, Ute/Schwarzer, Stefan: Aufbäumen gegen die Dürre, Oekom-Verlag, 2023

Der Autor

Dem Vorbild Peter Lustig folgend würde Frank Uwe Pfuhl gerne mehr Zeit in der Hängematte im Garten verbringen. Das Leben in seinem Naturgarten und die Leidenschaft der Naturfotografie halten ihn meistens davon ab.

Als aktives NABU-Mitglied hat er Kampagnen zum naturnahen Garten begleitet, Naturgartenwettbewerbe ausgelobt und Praxisworkshops organisiert. Seit vielen Jahren ist er mit seinen Fotos in Vorträgen unterwegs. Sein Schwerpunkt liegt auf der Vermittlung ökologischer Zusammenhänge am Beispiel des eigenen Gartens.

Der Landschaftsökologe ist selbstständig mit einem Fachbüro, außerdem vermittelt er seine Kenntnisse bei der NABU Umweltwerkstatt Wetterau sowie bei verschiedenen Bildungseinrichtungen und an der Hochschule RheinMain.

Bildautoren

NABU-Mediendatenbank: 25 o.l. (Andreas Haselböck); 94, 141 (Eric Neuling); 100 u., 132 (Helge May);

Manfred Vogt: 49 o.

Alle weiteren Bilder stammen vom Autor.

Spinnen im Garten: Die wärmeliebende Wespenspinne, darunter das Radnetz der Garten-Kreuzspinne

Krabbenspinnen lauern Blütenbesuchern, wie der Schwebfliege, an ihren Nektarquellen auf.
Springspinne

Im Makrokosmos des Gartens: Fliege, Blattlaus und Ranke der Zaunrübe.

Eine Marienkäferlarve auf Beutezug in einer Blattlauskolonie.
Das letzte Schirmchen an einer Pusteblume.